Mathias Jung

Ich liebe dich. Nur nicht grad jetzt

HERDER spektrum

Band 5392

Das Buch

Man kennt sich, man liebt sich und man möchte zusammenbleiben. Wenn da nur nicht diese kleinen Ärgerlichkeiten des Alltags wären: Der Partner kommt zu spät zu Verabredungen oder vergisst Termine. Er oder sie hört nicht zu ... Oder umgekehrt: Man „klebt" aneinander, bis kaum noch Raum für Eigenes bleibt. Verdeckte Aggressionen schleichen sich ein.

Damit sich die gegenseitige Zuneigung mit der Enttäuschung über solche Unstimmigkeiten nicht abnutzt, sollten Paare etwas tun. Die Liebe ist eine Baustelle: Wenn sie bleiben soll, braucht es immer wieder kleine Instandsetzungsarbeiten. Das sind regelmäßige Zeichen der Zuwendung zum Partner ebenso wie Rituale, etwa wenn es etwas gutzumachen gilt. Damit Berührung und Wiederannäherung zwischen den Partnern wieder möglich werden, brauchen Paare das Zwiegespräch. Sie müssen eine Streitkultur entwickeln, in der Aggressionen konstruktiv genutzt werden können. Die Liebenden dürfen Räume schaffen, die jedem von beiden ganz allein gehören.

Wie das alles geht, zeigt Mathias Jung, Psychotherapeut und Philosoph, anhand von zahlreichen Beispielen aus dem Leben zu zweit, in denen Paare sich wiedererkennen werden. Ein Buch voller Anregungen für Menschen, die sich lieben und die sich nicht verlieren möchten.

Der Autor

Mathias Jung, Dr. phil., geb 1941, arbeitet als Einzel-, Paar- und Gruppentherapeut am Gesundheitszentrum „Dr. Max-Otto-Bruker-Haus" in Lahnstein/ Koblenz. Zahlreiche Veröffentlichungen; Vortragsreisen in Deutschland, Österreich, Schweiz.

Mathias Jung

Ich liebe dich.
Nur nicht grad jetzt

Große Liebe, kleine Krisen

HERDER

FREIBURG · BASEL · WIEN

Gedruckt auf umweltfreundlichem,
chlorfrei gebleichtem Papier
Originalausgabe

www.herder.de
Satz: Rudolf Kempf, Emmendingen
Herstellung: fgb · freiburger graphische betriebe 2003
www.fgb.de
Umschlaggestaltung und Konzeption:
R·M·E München / Roland Eschlbeck, Liana Tuchel
Umschlagmotiv: © Zefa
ISBN 3-451-05392-6

Inhalt

Zweikomponentenkleber

Ich sehe sie noch deutlich und mit Sympathie vor mir: Bernhard und Marianne (die Namen habe ich, wie alle folgenden im Buch, geändert). Ein ungemein sympathisches Paar. Beide sind engagierte Gymnasiallehrer, auf die Vierzig zugehend. Sie wollen kein Kind. Sie sind unbeschwert, experimentierfreudig und ganz augenscheinlich ineinander verliebt. Gutaussehend sind sie auch noch. Bernhard ist groß, schlank und sportlich, volles braunes Haar. Marianne, eine Norddeutsche, semmelblond, zart und doch zugleich zäh. Der Anlass ihres Besuches in meiner psychotherapeutischen Praxis ist kein privater. Das erklären sie beide lachend. Die Kosten für einen Psychotherapeuten könnten sie sich sparen, erklären sie. Ein gelegentlicher Zoff, bei dem die Fetzen flögen, hätte die gleichen, reinigenden Dienste. Damit bin ich einverstanden und stimme in ihr Gelächter ein.

Nein, Marianne, die mich bei einem meiner Vorträge kennen gelernt hat, will von mir eine kollegiale Hilfe. Ob sie für ihre Arbeit als VertrauenslehrerIn eine psychotherapeutische Zusatzqualifikation erwerben solle, fragt sie. Wenn ja, welche? Wir tauchen ein in ein schönes und tiefes Fachgespräch. Ich kann der klugen Marianne zu ihrem überlegten Projekt nur aus vollem Herzen zuraten. Sie ist sogar bereit, dies aus eigener Tasche zu zahlen. Sie besitzt einen hellen analytischen Verstand und verfügt über tiefe Einfühlung. Ihre eigene innere Biografie hat sie vor Jahren mit einer Therapeutin verantwortungsvoll und ohne die Schmerzen der Befreiung zu scheuen durchgearbeitet. So weit so gut.

Doch im Laufe der Sitzung passiert etwas Eigentümliches. Das anfänglich so liebevolle Mikroklima zwischen Marianne und Bernhard verschlechtert sich. Was mir zuerst auffällt, ist, dass Bernhard etwa in der Mitte der Sitzung seinen Sessel verlässt, auf das Sofa zusteuert und eng an Mariannes Seite Platz nimmt. Dabei beginnt er, sie entweder mit einem Arm vom Rücken her zu umfassen oder, alternativ, eine Hand beschützend auf ihr Knie zu legen. Bernhard macht sich Mariannes Anliegen völlig zu seinem. Immer öfter reißt er das Wort an sich, um mir gestenreich *ihr* Anliegen zu veranschaulichen.

Plötzlich platzt Marianne der Kragen. Sie rückt an die andere Seite der Praxiscouch und faucht Bernhard an: „Jetzt lass mich doch einmal in Ruhe. Lass mich meine Sache selbst vortragen. Ich bin doch kein Schulmädchen. Warum bist du überhaupt mitgekommen?"

Bernhard gekränkt: „Aber ich liebe dich doch so sehr!"

Eine kurze, heftige Explosion – danach hat sich das Liebespaar rasch wieder beruhigt. Und doch blieb die Irritation zwischen beiden im Raum fast physisch greifbar. Wie viele Paare lieben sich Marianne und Bernhard mit einer geradezu neufundländerhaften Anhänglichkeit. Und doch könnten sie in manchen Beziehungssituationen förmlich aus der Haut springen.

Sie tun sich insgesamt gut, aber sie überstrapazieren in gewissen, im Paargeschehen immer wieder ähnlich auftauchenden Situationen ihre Nerven. Dabei hat jeder von beiden natürlich *seine* respektive *ihre* Wahrheit. Jeder ist zugleich Opfer und Täter, wenn man so massive Begriffe für die kleine Krisenlage überhaupt verwenden will.

Fangen wir bei Marianne an. Sie hatte sich auf das klärende Gespräch bei mir, auf Ausbildungs- und Büchertipps gefreut. Diese Ausbildungsidee war *ihre* Sache. Sie war mit Recht stolz auf sich. Sie verstand die psychotherapeutische Zusatzausbildung auch als einen wichtigen Meilenstein auf ihrem Weg. Sie wollte sich den Bereich der angewandten Psychologie erschließen und hätte möglicherweise gerne die Zeit gehabt, über den Zusammenhang dieser Ausbildung mit ihrem psychischen Schicksalsweg einige Takte mit mir allein zu sprechen.

Bernhard nahm ihr jedoch, indem er sich zu ihrem unerbetenen Wortführer machte, kostbare Gesprächszeit weg. Vermutlich hätte sie ohne sein Beisein das eine oder andere Private offenbart, wie es in solchen weichenstellenden Lebenssitzungen die Regel ist. Überhaupt, so schien es mir, hätte sie Bernhard am liebsten im Foyer unseres Gesundheitszentrums sitzen lassen, um ihn post festum über die Ergebnisse der Sitzung zu informieren. Vielleicht hätte Marianne es sogar vorgezogen, die Sitzung für sich selbst in einer Kladde aufzuzeichnen, einige Tage in sich nachwirken zu lassen und das Ganze mit der besten Freundin als erster Mitwisserin zu besprechen.

Aber Marianne unterlief das Missgeschick, das Liebenden leicht passiert. Sie dürfen kein Geheimnis vor dem Partner haben, nicht einmal für wenige Tage. Alles müssen sie sofort mit ihm/mit ihr teilen. Überhaupt sind sie wie Zweikomponentenkleber auf das Engste miteinander verklebt. Hier gerierte sich Marianne also als Opfer, indem sie Bernhard zu einer für sie elementar wichtigen Sitzung mitnahm, bei der sie ihn ursprünglich überhaupt nicht dabei haben wollte. Bernhard hatte so lange gedrängelt, bis sie seinem Wunsch nach Teilnahme stattgegeben hatte. Vollends schlitterte Marianne während der Sitzung in den Konflikt, als sie es versäumte beziehungsweise den Mut nicht aufbrachte, mit ihm eine klare Arbeitsvereinbarung für die Dauer der Sitzung zu treffen. Sie hätte lauten können: „Du bist hier der Zuhörer und hältst dich zurück." Durch ihre Unklarheit wurde sie solcherart auch zur Täterin der Minikrise.

Bernhard wiederum agierte bei diesem Sturm im Wasserglas gleich mehrfach als Täter. Er respektierte die Distanz nicht, die ihm Marianne immerhin setzte. Beim Betreten der Praxis hatte Marianne Bernhard den Korbsessel angeboten und sich selbst in einer für sie offensichtlich wohltuenden Distanz auf die Mitte der Couch platziert. Man nennt das in der Sprache der Psychotherapie das Setting. Das ist wichtig, weil es die Choreografie der Akteure widerspiegelt und jedem von ihnen den gewünschten Schutz sichert. Ich setze mich schließlich auch einem Klienten nicht auf den Schoß, bei aller Zuwendung!

Bernhard aber rückte neben Marianne. Ja, er drängte ihr durch seine beschützenden Gesten förmlich Hilfe auf. Unbewusst stilisierte er Marianne damit zu einer schwachen, hilfsbedürftigen Frau. Genau das war sie aber nicht. Sie fand sich bei diesem Gespräch stärker denn je in ihrem Leben. Dass Bernhard die Wortführung an sich riss, enthielt die Unterstellung, Marianne könne ihre eigene Sache nicht vertreten. Sie sei seiner magischen Wortkünste dringend bedürftig. Kein Wunder, dass Bernhard damit Mariannes Zorn beschwor („Ich bin doch kein Schulmädchen“) und am Ende seiner wortreichen karitativen Inszenierung etwas bedröppelt als Opfer dasaß: „Aber ich liebe dich doch so sehr.“

Das ist es. Die Liebe ist keine Zentralheizung, die rund um die Uhr, selbst um drei Uhr nachts, das Beziehungsgebäude mit unerschütterlicher mechanischer Gleichförmigkeit wärmt. Die Liebe hat Aussetzer. Die Liebe braucht Rückzüge. Die Liebe braucht Distanzen.

Mir fiel auf, dass Bernhard – wie gesagt, ein liebenswerter und gutaussehender Mann – ununterbrochen den bestätigenden Blickkontakt mit Marianne suchte. Den verweigerte sie ihm. Das war auch natürlich. Wir waren *drei* Menschen im Praxisraum. In dieser Stunde war Marianne nun einmal an meiner Meinung und meinem Wissen als Fachmann interessiert und nicht an Bernhard. Für einen Augenblick war Bernhard zweitrangig geworden. Er musste in den Hintergrund treten.

Genauso spielt sich unser Welterleben als Paar ab: Im Laufe von vierundzwanzig Stunden treten andere Menschen in unserem Gesichtskreis. Sie beschäftigen uns, positiv oder negativ. Sie repräsentierten die

Welt, ihre Herausforderungen, Überraschungen. Dann treten sie wieder aus dem Fokus unseres gebündelten Interesses heraus, ihre Silhouetten werden matter. Wir kehren in die gemeinsame Welt der Partnerschaft zurück, die Körbe gefüllt von den mentalen und psychischen Beutezügen des Tages.

Dann können wir uns wieder lieben – weil wir zuvor die Distanz voneinander erlebt und genossen haben. Partner sind, bei aller Liebe, auch anstrengend füreinander. Das ist der einfache Grund, warum wir in einer Wohnung, in einem Haus, Rückzugsgebiete voneinander brauchen.

Schon die Art wie ein Partner isst, die Zeitung liest, Auto fährt, sich durch die Fernsehprogramme zappt, die Küche putzt, in welcher Hektik oder mit welch aufreizender Langsamkeit er Ordnung schafft, das alles und noch Unzähliges mehr, kann uns zur Weißglut bringen. Wer möchte schon mit seinem Partner sein Leben in einer Einzelzelle verbringen!

Es ist ein Mythos, den anderen im Dauereinsatz lieben zu wollen oder rund um die Uhr von ihm geliebt zu werden. Vergessen wir auch eines nicht: Es gibt Eigenschaften, die wir beim anderen nicht lieben und nie lieben werden. Wenn der Partner ehrlich ist, wird er das Gleiche auch uns gegenüber bestätigen.

In einer gemischten Gruppe von Frauen und Männern – keiner Paargruppe –, ermunterte ich die Teilnehmerinnen und Teilnehmer aufzuschreiben, wofür sie manchmal ihre Partner „erschlagen könnten". Natürlich war die Formulierung launig gemeint. Hier einige lapidare Frontberichte vom Alltag der Geschlechter. Die Frauen schrieben unter anderem: „Wenn er das ganze Frühstück hindurch hinter der Zeitung verschwindet und mich und meine Kinder keines Wortes würdigt." – „Wenn er im Badezimmer alles klatschnass hinterlässt." – „Wenn er mit dreckigen Stiefeln durchs ganze Haus latscht." – „Wenn er heimkommt und sich ohne ein Wort zwei Stunden vor den Fernsehapparat schmeißt." – „Wenn er mich beim Autofahren ständig korrigiert." – „Wenn er mich beim Schaufensterbummel durch die Fußgängerzone zerrt, als stünde zu Hause das Heim in Brand." – „Wenn er weit nach Mitternacht nach seinem ausgedehnten Fernsehkonsum ins Schlafzimmer hineinpoltert, mich weckt und noch Sex von mir will."

Die Männer: „Wenn sie mich ständig kritisiert." – „Wenn sie mich am Wochenende mit Reparaturarbeiten im Haus eindeckt." – „Wenn sie sich weigert, mit mir über Politik zu reden und die Zeitung zu lesen." – „Wenn sie tagelang die Beleidigte spielt." – „Wenn sie mich mit Sexualitätsentzug bestraft." – „Wenn sie immer wieder alte Themen aufwärmt." – „Wenn sie eifersüchtig ist und ich von keiner Kollegin etwas erzählen kann."

Die Liebe braucht Pausen. Das erkennen Paare auch im Umgang mit ihren eigenen Kindern. Manchmal sind die lieben Kleinen auch kleine Terroristen. Welcher Mutter würde nicht gelegentlich ein Seufzer der Erleichterung entfahren, wenn die Kleinen im Kindergarten abgegeben sind oder die Größeren in die Schule abbrettern. Das Haus ist endlich einmal still. Der Kopf wird frei. Die Mutter entdeckt sich wieder als ein Wesen mit eigenen Interessen und Vorlieben und einem heiligen Egoismus. Jetzt ist ihre Zeit gekommen. Sie verwaltet die knappe kinderlose Zeit wie einen Schatz, damit etwas für sie selbst übrig bleibt. Dann wächst die Sehnsucht nach den Kindern wieder. Sind sie da, ist die Freude groß. Am nächsten Tag beginnt dann wieder das gleiche Spiel von Nähe und Distanz.

Paare tun gut daran, dieses Verhältnis von Nähe und Distanz immer wieder sorgsam neu einzujustieren. Es ist keine feste, sondern eine historische Größe. Es ändert sich. Paare besetzen auf ihrer emotionalen Beziehungswippe unbewusst und meist schnell jeder seinen Platz. Das heißt, der Mann vertritt etwa stärker die Position der Distanz und setzt sein Ich gegen das Wir der Beziehung. Die Frau umgekehrt besetzt das familiäre Wir und nimmt dafür die Autonomie ihres Ich zurück.

Je mehr der Mann dabei auf seine eigenständigen Unternehmungen und Abgrenzungen pocht, desto stärker versucht die Frau, ihn in das Beziehungsgeschehen einzubinden. Beide nehmen dabei wichtige Funktionen wahr. Denn beides ist notwendig: die Autonomie jedes Einzelnen. Die zentrifugalen Kräfte einer Partnerschaft. Sie machen die Beziehung spannend. Sie öffnen sie für die Welt. Sie modellieren die Individualität beider. Umgekehrt ist aber auch die Nähe wichtig, das zentripetale Kräfteelement einer Beziehung. Wenn das Zusammenhaltende und Verbindende unter einem kritischen Punkt absinkt, wird die Partnerschaft zu einem Aggregatzustand. Sie droht sich aufzulösen.

Wichtig ist, dass beide Partner sich für beide Pole verantwortlich fühlen. Es ist nicht gut, wenn der Mann ständig den „Außenminister" und die Frau immer den „Innenminister" markiert.

Frauen und Männer sind Kinder der Freiheit. Im Alltag entwickeln sie sich unter der Hand leicht zu Zweikomponentenklebern. Der gemeinsame Stallgeruch, auch wenn er miefig ist, ist gemütlich. Aber damit geht das Prickelnde, das Champagnerhafte der freien Beziehung verloren. Bei unserem Paar war es Bernhard, der sich an seine Marianne zu kleben versuchte.

Ich habe das zunächst gar nicht verstanden, weil er so ein attraktiver und liebenswerter Mann war. Dann ging mir ein Licht auf: Die Ausbildungswünsche von Marianne signalisierten Bernhard ein neues Maß ihrer inneren Unabhängigkeit und Selbstständigkeitswünsche. Das machte ihm wohl unbewusst Angst. Da klammerte Bernhard plötzlich mit sämtlichen Tentakeln wie ein Oktopus.

Wer da ohne Anfechtung sei, der werfe den ersten Stein. Wir müssen uns in solchen Situationen unsere subtilen inneren Ängste deutlich machen. Es ist keine Schande, Verlassenheitsängste zu haben. Die hat jeder von uns. Aber wir müssen ihnen in die Augen schauen, um ihnen den Schrecken zu nehmen.

Ein befreiendes Wort ist mir in diesem Zusammenhang in Erinnerung geblieben. Eines Tages betrat Evelyn mit ihrem Freund Kilian meine Praxis. Beide waren um die Fünfzig. Kilian sei, so Evelyn, glühend eifersüchtig. Er verbiete ihr, abends das Haus zu verlassen, kontrolliere sie am Arbeitsplatz, überprüfe ihr Handy nach SMS-Nachrichten und durchwühle sogar ihre Handtasche, ob er nicht die Adressen fremder Männer finde . . . Kilian saß bei dieser ehelichen Bestandsaufnahme ziemlich kleinlaut daneben. Da packte ihn Evelyn plötzlich bei beiden Armen, schaute ihm feurig in die Augen und schrie Kilian an, dass er zusammenzuckte: „Ich liebe dich. Aber gerade deswegen nicht!“

Charaktergewitter

Große Liebe, kleine Krisen. Paare brauchen, gerade im Alltag, die Distanz untereinander wie den Sauerstoff zum Leben. Sonst wird ihre Liebe ranzig. Der libanesische Dichter Khalil Gibran bringt diese Entfernung und schöpferische Fremdheit der Liebenden so auf den Begriff:

Gebet einander eure Herzen,
doch nicht in des anderen Verwahr.
Und steht beieinander,
doch nicht zu nahe beieinander:
Denn die Säulen des Tempels stehen einzeln,
Und Eichbaum und Zypresse wachsen nicht
im gegenseitigen Schatten.

Wenn wir menschlich sein wollen, müssen wir zuerst Menschen sein dürfen. Dazu brauchen wir, jeder für uns, einen eigenen Distanz- und Entwicklungsraum. Wir benötigen den Wagemut, in der Beziehung auch einmal Nein zu sagen. Jeder Mensch ist im kosmischen Laboratorium ein einzigartiges weltgeschichtliches Experiment der Gefühle und des Denkens. Er ist sich selbst als Entwurf aufgegeben. Niemand kann ihm diese aufregende Arbeit der Ichwerdung abnehmen. Sie ist ein lebenslanger Prozess. Er geht durch Irrtum und Versuch, Erfolge und Niederlagen. Inmitten der gewaltigen Leere des Weltalls beanspruche ich kleiner Mensch einen winzigen Raum für mich. Ohne ihn kann ich nicht leben. Ohne ihn kann ich meine Persönlichkeit nicht definieren und scharf konturieren.

In seiner Einmaligkeit ist der Mensch aber auch sperrig. Er ist nicht von vorneherein wie ein Computerprogramm kompatibel. Er steckt voller Überraschungen. Der Mensch ist ein Original, keine Kopie. Damit fasziniert er seinen Partner. Damit peinigt er ihn aber auch.

Beate und Ulf halten sich, mit Recht, für ein Liebespaar. Doch warum tauchen sie dann, auf Beates Wunsch hin, in meiner Paarpraxis auf? „Ich liebe dich, Ulf", erklärt Beate, „aber oft, wenn ich dich emotional bräuchte, bist du kühl wie ein Kabeljau." Ulf verteidigt sich mit den Worten: „Du bist Kindergärtnerin und von Berufs wegen gefühlsbetont. Ich bin Diplomingenieur und verkehre in der harten Welt der Fakten. Du verwechselst meine Nüchternheit und Fachbezogenheit mit Kühlheit und Desinteresse. Biete ich dir nicht in jeder Situation praktikable Lösungsvorschläge an?"

Was Beates und Ulfs Glück wie ein gelegentlicher meteorologischer Einbruch beeinträchtigt, das sind ihre Charaktergewitter. Was heißt das? Das bedeutet nichts mehr und nichts weniger, als dass jeder von uns einen anderen Charakter hat. Einen anderen – weder einen besseren, noch einen schlechteren. Aber genau das haben Beate und Ulf, wie die meisten Paare, nicht in letzter Konsequenz begriffen. Wie sollten sie auch? Gegenüber unserer eigenen Charakterbildung besitzen wir einen *blinden Fleck*. Solange wir das Schöne und das Schwierige unserer spezifischen Wesensbildung nicht von außen zu sehen vermögen, sind wir in unserer Beziehungsfähigkeit unreif.

Mit Beate und Ulf bin ich im Rahmen einiger Sitzungen die moderne psychoanalytische Charakterlehre durchgegangen. In ihrer markantesten und leicht eingänglichsten Form hat sie der Psychiater Fritz Riemann in seinem Jahrhundertwerk *Grundformen der Angst* auf der Grundlage von Sigmund Freud herausgearbeitet. Das Buch, das ich jedem psychologisch interessierten Leser ans Herz legen möchte, hat inzwischen eine Auflage von 700 000 überschritten. Riemann unterscheidet hier zwischen vier Charaktertypen, die sich in den ersten Lebensjahren als Reaktionsbildung auf die als Kind erfahrenen Ängste herausbilden: Der *schizoide* Charakter, der *depressive* Charakter, der *zwanghafte* Charakter und der *hysterische* Charakter. Jeder Mensch ist eine Mischung aus diesen Grundtypen. In der Regel ist hierbei ein Charakterzug dominant. Die Charakterbezeichnungen sind nicht abschätzig gemeint.

Im Sinn dieser Charaktertypen war Ulf ein *schizoider*, Beate ein *depressiver* Charaktertyp. Diese beiden schroff entgegengesetzten Phänotypen finden sich häufig als Paar: Der schizoide, gefühlsabspaltende Mensch ist fasziniert von der Gefühlshaftigkeit und Hilfsbereitschaft des Depressiven. Die Depressive ist beeindruckt von der starken, in sich geschlossenen und verschlossenen Persönlichkeit des Schizoiden. Gleichzeitig reiben sie sich aneinander.

Ulf war im kühlen, leistungsbetonten Geschäftshaus seiner Eltern aufgewachsen. Dort zählten vor allem Pünktlichkeit, Verlässlichkeit und Nüchternheit. Der Vater honorierte Leistungen des kleinen Ulf mit Geld; ihn umarmen, küssen, mit ihm schmusen wollte er nicht. Die Mutter war fern und unerreichbar. Eine Haushaltshilfe war für die praktischen Belange zuständig. Ulf lernte früh, seine Gefühle auf Eis zu legen, dafür aber exakt zu funktionieren. Bildungsmäßig wurden ihm alle Chancen eröffnet. Er nutzte sie. Erwachsen geworden, war Ulf ein starker, durchsetzungsfähiger Kopf, hochkontrolliert, überdurchschnittlich intelligent, ein analytischer Verstand, karriere- und zielbewusst. Wer mit ihm verlässlich umging, der konnte seinerseits auf Kulanz und Redlichkeit rechnen. Mit Frauen tat sich Ulf schwer. In seinem Herzen war er eher ein einsamer Steppenwolf. In einer der Sitzungen bemerkte er: „Die Frauen kommen immer so mit Gefühlskram."

Als Ulf auf einer Karnevalsveranstaltung („Ich war ungewöhnlich ausgelassen und warf Luftschlangen") auf die mollige, leicht übergewichtige, aber „kachelöfige" Beate stieß, da war es um ihn geschehen. Ein Vierteljahr später heirateten sie. Zwei Kinder bekamen sie miteinander.

Aber wer war Beate? Sie war, im Sinne Riemanns, ein depressiver Charakter. Darunter versteht Riemann nicht eine chronisch suizidale Persönlichkeit, sondern einen Menschen, der als Helferpersönlichkeit agiert und eine Grundangst vor der Selbstabgrenzung hat. So wie der Schizoide Angst vor Selbstoffenbarung und vor Nähe hat, so hat der depressiv getönte Mensch als Kind bereits auf ein starkes Ego verzichtet und sich im Dienst an andere verschwendet. Mit fünfunddreißig Jahren war Beates Mutter an Multipler Sklerose erkrankt. Nun oblag es Beate, als der Ältesten, die Betreuung der drei jüngeren Geschwister zu übernehmen. Am Ende führte sie den gesamten Sechs-Personen-Haushalt. Sie leitete und tröstete. Sie nahm sich zurück. Sie realisierte bereits als Kind die Lebensleistung, als die „kleine Mutter" die Familie physisch und psychisch zusammenzuhalten. Dabei verriet Beate naturgemäß sich selbst und ihre Kindlichkeit. Sie las der Mutter, dem Vater, den Geschwistern praktisch jeden Wunsch von den Lippen ab: „Ich hatte zwei Berufe, hier die Schule, dort, nach der Heimkehr, meinen Job als Mutter und Hausfrau. Am späten Abend saß ich regelmäßig noch mit Vater zusammen, der sich bei mir mit seinen Sorgen aussprechen wollte."

Wen wundert es, dass die altruistische Beate den Helferberuf der Kindererzieherin wählte und auch dort wieder völlig in der Arbeit aufging. Frauen neigen stärker zum Opfertypus des Depressiven, weil die traditionelle weibliche Sozialisation auf Selbstaufgabe und Passivität ausgerichtet ist (Männer werden eher zum schizoiden Typus hin erzogen). An Ulf faszinierte Beate sein unabhängiges Ego, seine nüchterne Weltbeherrschung und effiziente Planung des Lebens: „Er lässt sich nicht in die Suppe spucken. Ich gebe immer sofort meine Pläne zu Gunsten anderer auf. Das war schon als Kind und Jugendliche nicht anders."

Als Beate und Ulf ihre unterschiedliche Charakterstruktur Stück für Stück begriffen – auch Ulfs hohe Aggressionsfähigkeit und Beates Neigung zur Autoaggression und Selbstbestrafung –, da nahmen die Charaktergewitter ab. Ulf setzte sich nämlich als Ziel, Wärme und emotionale Zugewandtheit von seinem „Kachelofen" Beate zu lernen. Er wünschte, den tief gefrorenen „Kabeljau" hinter sich zu lassen. Beate wiederum durfte lernen, ihr Betüdeln und Klammern zu beenden, nicht länger den Hunger nach Liebe mit ihrer Essstörung zu kompensieren („Man gönnt sich ja sonst nichts"). Sie wagte es, das Glaubensbekenntnis ihrer Helferpersönlichkeit „Ich bin, weil ich helfe" durch den selbstbewussten Satz „Ich bin, weil ich bin" zu ersetzen. Als auch Ulf seinen schizoiden Glaubenssatz „Ich bin, weil ich autonom bin" in seiner Einseitigkeit erkannte und seinen inneren einsamen „Steppenwolf" verabschiedete, realisierten er und Beate die Aufgabe der Charakter*arbeit:* Jeder begann, den bislang nicht gelebten Pol seines Charakters zu besetzen – Ulf den emotionalen Wärmekern, Beate den schwachen Ich-Komplex.

„Du und ich", sagt die amerikanische Familientherapeutin Virginia Satir in *Mein Weg zu dir* (1976), „wir sind Wunderwerke, die zu unendlichem Wachstum in der Lage sind." Wachstum vollzieht sich eben nicht nur durch die großen Beziehungskrisen, die einem noch Jahre später unauslöschlich in Erinnerung sind, sondern im Mikroklima der kleinen Krisen. Auch die unscheinbaren Charaktergewitter steuern unbewusst die Paarevolution vorwärts.

Bei Andreas und Silke war es der Zusammenprall eines *zwanghaften* mit einem *hysterischen* Charakter, der immer wieder Erdbeben auslöste und damit letztlich das Beziehungsgebäude stoßsicherer machte.

Was war los? Wie fast immer „schleifte" Silke ihren Mann zur Paarberatung. Das Paar war noch jung, kaum dreißig, seit fünf Jahren verheiratet und hatte noch kein Kind. Silke, die im strengen grauen Hosenanzug erschien und die Haare extrem kurz geschnitten hatte, arbeitete in einem Büro. In Abendkursen bereitete sie sich auf die künftige Rolle einer Chefsekretärin vor. Ihr Leben hatte Silke genau geplant: „Mit fünfunddreißig Jahren will ich ein Kind. Bis es in den Kindergarten kann, hilft meine Mutter, und ich werde halbtags arbeiten. Ab dann steige ich wieder voll in den Beruf ein. Ich habe einen Bausparvertrag. Meine Eltern stellen uns ein Grundstück zur Verfügung. Das Haus muss stehen, bevor ich vierzig bin."

Silke hatte alles, so schien es, beneidenswert im Griff. Sie flößte mir Respekt und ein ganz klein bisschen Angst ein. Ich hätte mir als ihr Mann mehr Spontaneität und Platz für das Unberechenbare des Lebens gewünscht.

Andreas erwies sich charakterologisch als genau das Gegenteil von Silke. Er war ein Filou. Lockenkopf, flinke Augen wie ein Eichhörnchen, schön wie ein Boticelli-Engel, charmant und wortgewandt. Ich musste sehr darauf achten, die in der Paartherapie unerlässliche, wohl wollende Symmetrie zu beiden zu wahren. Andreas arbeitete ebenso unregelmäßig wie erfolgreich als Propagandist mehrerer Firmen auf Messen oder in den Fußgängerzonen mittlerer oder größerer Städte. Genau das erboste Silke gleich zweifach. Sie kritisierte: „So kann ich doch mit dir keine Zukunft bauen. Außerdem glaube ich dir nicht, dass du keine Weibergeschichten hast. Ich kann dich ja überhaupt nicht kontrollieren."

Da haben wir wieder ein klassisches Charaktergewitter vor uns. Silke war von ihrem ganzen Wesen her eher eine schizoid-zwanghafte Persönlichkeit. Der zwanghafte Mensch hat schon als Kind lernen müssen, meist unter den Quälereien elterlicher Dressur, alles in perfekter Ordnung auszurichten, das Leben als ein einziges Programm zu planen. Ordnung ist das ganze Leben. Der Zwanghafte ist ein Ordnungsfanatiker. Ob es sein Schreibtisch oder seine Küche, sein Hobbykeller oder die Wohnung ist, alles ist von geometrischer Ordnung, Perfektion und Sauberkeit. Niemals dürfen Tiere in die Wohnung: „Die machen zu viel Dreck." Tatsächlich hätte Andreas gerne einen Schäferhund gehabt, wogegen Silke sich – „aus Gründen der Hygiene", wie sie sagte – kategorisch wehrte.

Der Zwanghafte will, wie Silke, jeden Zufall ausschalten, die Welt nach seinem Bilde formen und seine Biografie wie den Bundesbahnfahrplan bis auf das Letzte vorprogrammieren. Zwanghaftigkeit ist, wie die Tiefenpsychologie diagnostiziert, nichts anderes als überkompensierter Zweifel oder, wie C. G. Jung sagt, der *Bruder des Zweifels.* Tief innen ahnt eine Zwanghafte wie Silke, dass es auch andere, vitale Lebensmöglichkeiten gibt. Aber die würden ihre Reißbrett-Persönlichkeit ja in Frage stellen. Also muss sie diese Anfechtungen durch ein doppeltes Maß an Gewissheit und Strenge unterdrücken. Wo kein Zwang ist, droht das Chaos.

Zwanghafte sind unflexibel, starr, oft auch von unerträglich hoher Moral. Sie wittern schnell Verrat, Untreue, Unzucht, Außenbeziehung, wo es gar nichts zu befürchten gibt. In ihrer Zwanghaftigkeit neigen sie zu einem leicht paranoischen Weltbild der unsichtbaren Bedroher und Verfolger. Andererseits ist der gefühlsverschlossene Zwanghafte, dieser schroffe Steinbeißer, ähnlich wie sein schizoider Artverwandter, zuverlässig, genau, voller Verantwortung und gründlichem Sachverstand. Er überrascht nie mit Exzessen, er trägt sozusagen seine Dienstuniform auch im Privatleben.

Nun stößt so eine – durchaus liebenswerte – Zwanghafte wie Silke auf einen Hysteriker wie aus dem Bilderbuch. Der Begriff ist hierbei nicht abschätzig gemeint. Nur, so wie Silke von einer Grundangst vor der Spontaneität des Lebens geprägt ist, kennt der hysterische Charakter Andreas allein die entgegengesetzte Angst: die Angst vor den Notwendigkeiten des Lebens. Er ist ein ewiger Jüngling. Er will nicht alt werden. Er inszeniert das Leben als einen einzigen Rausch. Er agiert als ein Schauspieler, dem das Leben eine Bühne bedeutet. Während Silke dem geheimen Credo ihres Lebens folgt, „Ich bin, weil ich jeden Zufall ausschalte", folgt Andreas dem enthusiastischen Lebensmotto „Ich bin, weil ich bewundert werde".

Andreas ist ein Kind der Unverbindlichkeit, des Augenblicks, ein Rad schlagender, farbiger Pfau. Er ist auf Attraktivität fixiert, ein blendender

Unterhalter und ein Virtuose in der Sexualität. Seine Begegnungen mit Menschen sind Auftritte von Funken sprühendem Witz und Lebensfreude. Beides lebt er auch in seinem Beruf als Propagandist unter dem Gelächter seiner Zuhörer. Nicht nur Charakter und Beziehung, sondern auch Charakter und Beruf hängen enger miteinander zusammen, als wir glauben. Es ist dann auch nicht verwunderlich, wenn Andreas in der Sitzung die „graue“ Silke kontert: „Dein Pflichtbewusstsein und deine Planungen in Ehren, aber es gibt auch noch ein Leben vor dem Tode!“

Auch hier stellt sich wieder die Frage: Warum haben Silke und Andreas sich gewählt? Es ist wie bei dem schizoiden Bernhard und der depressiven Marianne – jeder hat bei dem anderen just das gefunden, was ihm selbst an Charakterbildung fehlt. Das beglückt und das nervt. Silke fand bei Andreas Lebendigkeit, Spontaneität, ein Spielen mit dem Leben und schauspielerische Darstellungslust. Andreas wiederum spürte in Silke eine bombenfeste Verlässlichkeit und unerschütterliche Unbeirrbarkeit, das anrührende, fast instinkthaft beharrliche Arbeiten am künftigen gemeinsamen Ameisenstock mit Haus und Kind. Silke gab Andreas die Sicherheit. Andreas gab Silke den Champagner des Lebens.

Am Ende der Paarkurztherapie formuliert Silke das magische Geheimnis ihrer gelegentlich aufreibenden Liebe so: „Ich glaube, wir sind uns einander aufgegeben: Du musst bodenständiger werden. Ich darf lebendiger sein.“

Beziehungshaus

Die kleinen oder großen Wesensunterschiede unserer Charaktere sind, je nachdem wie man sie betrachtet, Attraktionspunkte oder Störfelder unserer Beziehung. Vergessen wir nicht, jeder von uns hat gegenüber seinem eigenen Charakter einen *blinden Fleck*. Ich selbst bin zum Beispiel eher ein Chaot, was Ordnung betrifft. Ich schaffe es kaum, in meinem Arbeitszimmer oder gar auf meinem Schreibtisch eine schöne klare Ordnung zu schaffen. Die Bücher stapeln sich auf dem Boden, Kontoauszüge, Korrespondenzen und Zeitschriften bedecken nach Art einer Lawine meinen Schreibtisch, auf dem Sofa stapele ich Aktenordner. Wenn ich nicht höllisch aufpasse, schaffe ich es sogar, die Tische in meinem Wohnzimmer und in der Küche mit Büchern, Manuskripten und Vortragsentwürfen unbenutzbar zu machen.

Mir selbst scheint das ganz normal. Gegen Menschen mit Ordnungssinn hege ich eine Gefühlslage gemischt aus Neid und Misstrauen. Ich neige dazu, sie für Korinthenkacker und Sesselfurzer zu halten, geistlose Bürokraten also ohne einen Sinn für das herrlich Wilde im Leben. Gerne zitiere ich den Satz des Philosophen Nietzsche (aus *Zarathustra*): „Man muss noch Chaos im Herzen haben, um einen tanzenden Stern zu gebären."

Ich entschuldige also nicht nur meine Wesensstruktur, sondern verkläre sie zur schönen Norm des Menschen. Wer akkurat und penibel ist, den erkläre ich flugs zum Zwanghaften. Meine Liebste, eine Unternehmerin und Geschäftsfrau von eminenter Tüchtigkeit und Verlässlichkeit, sieht das naturgemäß kritisch. Worüber dann ich, je nach Streitlage, verblüfft oder gekränkt bin . . .

Solche Wesensunterschiede sind es, die, neben weiteren Differenzpunkten, die Liebe zu einer ununterbrochenen lebenslangen Suchbewegung machen und dem permanenten Glückszustand der „Liebenden“ im Weg stehen. Hinzu kommt ein weiteres „Konstruktionsproblem„ der Partnerschaft: Das Beziehungshaus. Was heißt das?

Erinnern wir uns einmal, wie wir uns verliebt haben. Wir waren zwei eigenständige Individuen. Eines Tages tauchten wir aus dem Dunkel der Geschichte auf. Wir fanden uns in unserer Andersartigkeit und Fremdheit faszinierend.

Dann machen wir gemeinsam mit Partnerin oder Partner das, was Biologie und Kultur uns seit Jahrtausenden vorschreiben: Wir bauen ein Beziehungshaus. Wir ziehen zusammen. Manchmal bauen wir auch tatsächlich und mit finanziellen Anstrengungen ein Haus. Eben da beginnt denn auch das Problem. Wie soll dieses Haus aussehen? In den meisten Fällen planen und errichten wir das Beziehungshaus nach einem Schema, das den Konventionen entspricht: Wohnzimmer, Schlafzimmer, Kinderzimmer, Küche. Vielleicht noch ein Bügelzimmer für sie und einen Hobbykeller für ihn. Am Anfang entspricht denn auch die Architektur der Gefühle der Architektur der Räume. Wir hocken als Paar endlos zusammen, sind symbiotisch verschmolzen und möchten uns am liebsten wie ein Lebkuchenherz vor lauter Liebe auffressen. Stellen sich dann die Kinder ein, scheint das liebevoll geplante Beziehungshaus geradezu idealtypisch seinen Zweck zu erfüllen. Wir schwimmen im Glück. Die Schwiegereltern auf beiden Seiten sind hoch zufrieden und leisten eine Anschubfinanzierung . . .

Einige Jahre später hat sich das trauliche Bild verändert. Gewiss, Raum ist, wie das Sprichwort sagt, selbst in der kleinsten Hütte für ein liebend Paar. Aber ist das Paar in jedem Augenblick zur Liebe fähig? Natürlich nicht. Jetzt wird es eng. Gerade Frauen stellen eines Tages irritiert und oft erbittert fest, dass sie über keinen physischen oder psychischen Freiraum in der Familie verfügen. Sie sind nur noch Ehefrau und Mutter. Sie verfügen nicht einmal über ein eigenes Zimmer, eigene Bücherregale, ein eigenes Stereogerät, kurz einen Rückzugsraum, der nur ihnen gehört. Das kann ein Bügelzimmer nicht leisten. Das Wohnzimmer blockiert Abend für Abend der Mann mit seinem exzessiven Fernsehkonsum. Die Frau schreibt ihre Briefe am Küchentisch oder an einem winzigen Sekretär im Wohnzimmer, an dem sie sich Bandscheibenschäden holt.

Beide Partner – von den Kindern ganz zu schweigen – sind eingeengt wie Löwen im kleinen Käfig eines Wanderzirkus. Sie verfügen über keine abgetrennten Bereiche. Bücher, CDs und Kleider – alles ist vermischt. Dass beide einmal Individuen mit unterschiedlichen Interessen, Fähigkeiten und Neigungen waren, ist nicht mehr sichtbar. Das Paar ist langweilig und geschmacklos wie ein Eintopf geworden. Meist beginnen dann die Frauen, spätestens wenn die Kinder das Haus verlassen, gegen diese zementierte Zweisamkeit zu rebellieren. Sie beanspruchen, mit einem berühmten Buchtitel der englischen Schriftstellerin und Feministin Virginia Woolf zu sprechen, ein Zimmer für sich.

Wie kann ich den anderen lieben, wenn ich ihm nicht mehr begegnen kann? Um ihm zu begegnen, muss ich über eigene, wohlausgestattete Räume im gemeinsamen Beziehungshaus verfügen. Das ist wörtlich und im übertragenen Sinne zu verstehen. Einmal benötige ich einen physischen Raum, in dem ich ganz bei mir bin und in den ich mich gegebenenfalls auch für lange Stunden zurückziehen kann. Es muss auch möglich sein, dass ich, wenn es mir danach ist, das gemeinsame Schlafzimmer verlasse und in diesem Raum schlafe. Vielleicht, weil ich einfach einmal mit mir allein sein will, länger aufbleiben möchte oder das Schnarchen des Partners nicht länger ertragen will. Zum anderen brauche ich jedoch, genauso wie der andere, eigene psychische Räume. Ich könnte ihnen Namen geben, wie zum Beispiel Politik, Literatur,

Musik, Sport, meinen Chor, meinen Sprachkurs, meine Freunde/innen, mein Alpenverein, meine Kunstreisen, meine Gemeindearbeit, meine Spiritualität, meine Sammlerleidenschaft . . .

Nun wird es spannend, aber auch konfliktträchtig. Alexandra und Rolf, erlebten ihr blaues Wunder, als sie sich gezwungen sahen, das alte, simple Beziehungshaus abzureißen, um ein neues an dessen Stelle zu setzen. Rolf sagte in der Paartherapie bei mir: „Es begann damit, dass unsere beiden Töchter, im Jahresabstand, nach ihrem Abitur das Haus verließen. Schon seit Jahren war mir aufgefallen, dass Alexandra irgendwie unzufrieden war. Ich habe sie nie nach dem Grund ihrer Verärgerung gefragt. Das bereue ich heute. Wir liebten uns, ganz unzweifelhaft, aber die Sexualität wurde seltener, die Zärtlichkeit weniger. Da die jüngere Tochter Schwierigkeiten auf der Schule hatte und die Ältere sich mit einer hartnäckigen Hauterkrankung herumschlug, waren wir auf die Kinder und deren Probleme fixiert. Ich selbst machte mich zum ersten Mal in meinem Leben mit einer kleinen Firma selbstständig. Ich hatte Knochenangst vor einer möglichen Insolvenz. Ich hatte wenig Nerven für meine Frau."

„Nun brachen also beide Töchter in das Studium auf. Über die Zimmerfrage entbrannte unerwartet ein allgemeiner Streit. Die Töchter wollten, obwohl sie an ihrem Studienort eine gemeinsame Wohnung bezogen, beide ihre ‚Mädchenzimmer' behalten. Meine Frau und ich schlugen ihnen vor, ein Zimmer abzutreten, das andere würden wir ihnen als gemeinsames künftiges ‚Gastzimmer' schön einrichten. Die Töchter protestierten vehement. Aber auch meine Frau und ich kriegten uns über das frei werdende Zimmer in die Wolle. Ich beanspruchte es als zusätzliches Arbeitszimmer, neben meinen Firmenräumen, um am Abend noch am Computer disponieren und Geschäftsbriefe schreiben zu können.

Meine Frau vertrat, zum ersten Mal in ihrem Leben, leidenschaftlich ihren Wunsch. Sie wolle, erklärte sie, das Zimmer unbedingt für sich.

Sie habe als Tochter einer kinderreichen Familie noch nie über ein eigenes Zimmer verfügt. Außerdem brauche sie es, um dort in Ruhe ihrer Handbibliothek aufzustellen, um sich für die anstehende Heilpraktikerprüfung vorzubereiten. Der Streit war fürchterlich. Ich nannte sie einen ‚sturen Bock', sie mich einen ‚rücksichtslosen Egoisten'. Da wir schon einmal so bitter am Streiten waren, packten wir bei der Gelegenheit beide den ganzen Sack unseres Grolls und der schleichenden Enttäuschungen aus. Der Streit wurde ebenso massiv wie reinigend."

Was der humanistisch gebildete Rolf die „Büchse der Pandora" nannte, entpuppte sich als der Groll über die bislang nicht gelebten psychischen Eigenräume von Frau und Mann im gemeinsamen Beziehungsgebäude. Alexandra erinnerte sich in der Paartherapie: „Im Kampf um dieses eine Zimmer mit seinen lächerlichen zwölf Quadratmetern, den ich übrigens gewann, erkannte ich mein nicht gelebtes Leben. Meine Ausbildung zur Heilpraktikerin hatte ich gegen meinen Mann durchgesetzt. Er wollte es nicht ‚erlauben'. Ich habe mich einfach angemeldet. Daraufhin wollte er sich nicht an den Kosten beteiligen. Die Ausbildungsschule und die Lehrbücher waren teuer. Da ich halbtags arbeite, entnahm ich das Geld aus meinem privaten Budget. Dafür steuerte ich nichts mehr, wie früher, zu den Haushaltskosten bei. Rolf mauerte. Er erhöhte, trotz meiner Bitten, nicht unsere Haushaltsfinanzen. Die Auseinandersetzung zwischen uns nahm scharfe Züge an. Als kein Geld mehr in der Haushaltskasse war, kaufte ich nicht mehr ein. Der Kühlschrank wurde leer. Wir ernährten uns von Knäckebrot, Butter, etwas Kartoffeln, Spagetti und alten Konserven. Das hielt Rolf eine Woche durch. Dann gab er nach.

Wir haben nach diesem Streit unsere ganze Beziehung neu geordnet. Rolf musste begreifen lernen, dass ich ein Recht auf ein eigenes Leben, neue Aktivitäten, einen eigenständigen Freundeskreis und neue Berufspläne habe. Endlich holte ich sogar wieder meine alte Geige aus dem Kasten. Zehn Jahre hatte ich nicht mehr gespielt, obwohl ich früher im Schülerorchester die ‚Erste Geige' gewesen war. Aber wo hätte ich denn spielen können, ohne die Familie zu belästigen!

Ich wiederum musste begreifen, dass Rolf einen Existenzkampf um die Firma führte, der ihm wenig Zeit für mich und längere gemeinsame Urlaube ließ. Ich musste noch gut drei Jahre auf seine Präsenz verzichten, bis er den Betrieb stabilisiert und unseren heutigen Wohlstand gesichert hatte. Dafür bin ich ihm dankbar und bin stolz auf ihn. Ich bin unbequemer geworden. Aber ich bin endlich ich! Früher habe ich mich ihm, auf Grund meiner latenten Unzufriedenheit, sexuell entzogen. Heute geben wir uns gerne und viel Zärtlichkeit: Es stimmt zwischen uns."

Wir können uns oft „grad jetzt" nicht lieben, weil wir über die unterschiedlichen Zimmer in unserem Beziehungshaus keine Klarheit haben. Paare müssen erkennen und respektieren lernen, dass es jeweils geistige Räume des anderen gibt, die der Partner nicht betreten will oder kann oder die er lernen könnte, mit liebender Neugier zu betreten.

Das klingt abstrakt. Formulieren wir es besser mit den Worten von Rolf: „In unserem schweren Ehekrach beim Auszug unserer Töchter haben wir die Unterschiede und die möglichen Gemeinsamkeiten in unserer Beziehung rückhaltlos geklärt. Das war aufregend. Für mich war es schwer, weil ich, wie Alexandra sagt, ein Schweiger bin. Für Alexandra war es eine Herausforderung, weil sie in ihrer Ursprungsfamilie keine Konfliktfähigkeit und damit keinen Biss entwickelt hat. Sie zieht sich lieber zurück und kriegt, wie sie sagt, ein ‚Depressiönchen'.

Ich habe ein für alle Mal mir selber und Alexandra geklärt, dass ich unter gar keinen Umständen mehr zu ihren, für mich grässlich langweiligen Modeschauen gehe – Alexandra ist gelernte Modellschneiderin. Weiter habe ich klargemacht, dass ich nur noch einmal im Jahr mit ihr zusammen ihre – weit entfernten – Eltern besuche: Sie mögen mich nicht, ich mag sie nicht. Umgekehrt erklärte mir Alexandra, dass sie in

Zukunft an meinen Herren- und Geschäftsessen nicht mehr teilnehme, diese Männer lebten ja ‚unter dem geistigen Existenzminimum' ... Auch meine Begeisterung an Autorennen habe sie nie geteilt. Sie hasse diesen unökologischen Sport. Sie werde mich nie mehr zu einem internationalen Rennen begleiten.

Wir haben beide geschluckt, aber uns auf diese Vereinbarung geeinigt. Mir wurde dabei im guten Sinne des Wortes klar, dass da ein Fremder und spannender Mensch an meiner Seite lebt, den ich nicht gleichmachen darf."

Alexandra betonte den potenziellen Zukunftsaspekt des Beziehungsgeschehens. Sie sagte: „Wir haben aber auch neue gemeinsame Bereiche entdeckt. So habe ich damals Rolfs sportliches Angebot angenommen. Ich jogge seitdem zwei Mal in der Woche mit ihm. Das tut mir gut, weil ich von Hause aus eher eine Stubenhockerin bin. Umgekehrt konnte ich ihn dafür gewinnen, ‚meine' Musik ernst zu nehmen, mit mir klassische CD-Aufnahmen anzuhören und ein Mozart-Violinkonzert, gespielt von Anne-Sophie Mutter, live anzuhören. Heute ist mir Rolf dankbar dafür."

Das Beziehungshaus soll einen Ort mit vielen schönen, unterschiedlichen Zwecken dienenden Räumen darstellen. Die Frau bewohnt den Ost-, der Mann den Westflügel. In der Mitte liegen die gemeinsamen Räume. Da kann es denn auch passieren, dass wir momentan nicht zusammenfinden. Da bedrängt die Frau den Mann mit ihren Kindersorgen. Doch er ist im geistigen Arbeitsraum. Er winkt ab. Da begehrt der Mann die Frau mit seiner Lust im Musikzimmer. Doch sie hebt kaum den Bogen von der Geige. Sie sagt freundlich: „Ich liebe dich sehr. Nur nicht grad jetzt."

Sex entlaufen

„Ich liebe dich sehr. Nur nicht grad jetzt.“ Diesen Stoßseufzer kenne ich von vielen Ehefrauen, wenn es um die Sexualität geht. Der Mann „klopft“ erotisch genau zum falschen Zeitpunkt „an“. Das muss nicht gleich ein Waterloo der ehelichen Liebe sein, aber es pikst doch. Er fühlt sich, freundlich aber zum wiederholten Male, abgewiesen. Er kommt sich vor wie ein Hund vor der Metzgerei: Er bellt und weiß doch, dass er nicht hinein darf. Sie gerät, ebenfalls zum wiederholten Mal, in die unangenehme Rolle einer abweisenden Zicke. Das passt ihr auch nicht.

Gerade in der Sexualität summieren sich winzige, alltägliche Enttäuschungen zu einem Groll, der bereits spürbar über der Schmerzgrenze liegt. Die Gründe dafür sind vielfältig. Bei Anita und Stefan, die ich in der Sitzung wegen eines ursprünglich ganz anderen Problems kennen lernte, lag, wie nicht selten, der Sachverhalt verhältnismäßig einfach. Anita war eine fröhliche und tüchtige Frühaufsteherin. Sie stand Sommers wie Winters um fünf Uhr morgens auf, machte den gesamten Haushalt, bereitete das Mittagessen vor, richtete die Kinder, sorgte für ein leckeres Frühstück und die Frühstücksbrote. Dann brachte sie den halbwüchsigen Sohn und die kleine Tochter zur Schule. Nach ihrer eigenen Bürotätigkeit kehrte sie mit zehn Minuten Vorsprung vor Kindern und Mann ins Haus zurück, stellte das Essen auf den Tisch, kontrollierte die Schularbeiten, arbeitete im Garten und spielte mit den Kindern. Später rief Anita die Familie zu einem behaglichen Abendbrot und brachte jedes einzelne Kind liebevoll zu Bett. Dann war es mit Anitas Energie am Ende. Gegen 21.00 Uhr verzog sie sich ins Bett, las noch eine halbe Stunde und schließlich ratzte sie wie ein Bär: Der will auch seine Ruhe haben und selbst für den Sex nicht mehr geweckt werden.

War Anita ein *Morgentyp*, so repräsentierte Stefan den *Abendtyp*. In der ersten Zeit ihres Verliebtseins war beiden ihre entgegengesetzte Energiekurve überhaupt nicht aufgefallen. Stefan kam am Morgen schlecht in die Gänge. Er muffelte herum und bekam den Mund nicht auf. Erst im Laufe des Vormittags taute er auf. Seine Sekretärin behandelte ihn wie Nitroglyzerin, das bei jeder Erschütterung von selbst explodieren kann. Natürlich stand Stefan jeden Morgen zum letztmöglichen Zeitpunkt auf, meist wenn seine Frau und die beiden Kinder das Haus bereits verlassen hatten. Dafür war er nachtaktiv wie ein Fuchs im Wald. Wenn Anita sich erschöpft ins Bett zurückzog, blühte er erst richtig auf. Er las und spielte Klavier bis 1.00 Uhr nachts. Manchmal hämmerte Stefan auch noch um 2.00 Uhr früh in seinem geräumigen Hobbykeller. „Ich gehe nur, weil ich muss, ins Bett – in den Ferien lese ich oft die ganze Nacht durch und springe bei Sonnenaufgang immer noch taufrisch ins Schwimmbecken."

Es dürfte kaum überraschen, dass die beiden ständig sexuell aneinander vorbeiliefen. Wenn Anita Lust hatte, streunte Stefan gerade erlebnishungrig durchs Haus. Wenn er innerlich zur Ruhe kam und sich auf seine sexuellen Wünsche besann, ruhte die gute Anita seit Stunden im Tiefschlaf ... In diesem Fall war es für beide Liebenden wichtig, ihrer Sexualität wieder einen Spitzenplatz in der gemeinsamen Werteskala einzuräumen und dafür eigene Zeitinseln zu schaffen. Das ging denn auch ohne ein Problem. Ich habe von Anita und Stefan zu meiner Zufriedenheit nie wieder gehört.

Sex braucht Zeit. Nichts tötet die Lust zuverlässiger, als wenn man sie an die letzten zehn Minuten eines erschöpfenden Arbeitstages zwischen Zähneputzen und Wegschlafen platziert. Sex braucht Abstimmung.

Wer von uns wäre denn zu jedem potenziellen Zeitpunkt auf Sex aus? Manchmal ist Sex lästig wie eine Schuppenflechte oder die Aufforderung zu einem langen Spaziergang, wenn es Bindfäden regnet. Ich mag einfach nicht. Ich bin faul. Ich bin ein bisschen traurig, weil am Arbeitsplatz oder in meiner Familie etwas nicht stimmt. Oder ich bin völlig an eine Arbeit hingegeben. Bevor ich die nicht fertig habe, reizt mich nichts, aber auch gar nichts. Das muss der andere nicht unbedingt spüren. Aber er muss es erfragen. Wofür haben wir die Sprache? Frage ich nicht, so neige ich dazu, *meine* Projektionen dem anderen überzustülpen: „Aha, ich wusste es doch gleich, ich bin nicht mehr attraktiv für ihn/sie." Oder: „Er/sie will mich bestrafen ..."

Das sind so die alltäglichen Fallstricke in der Sexualität. Irmela war ganz entrüstet, als sie zu mir in die Praxis kam. Sie und ihr Mann hatten ein Vierteljahr lang nicht mehr miteinander geschlafen. Als er sie, einige Tage zuvor, massiv bedrängte, wies sie ihn ab. Daraufhin hatte Fred erbittert seine Koffer gepackt und war mit dem gemeinsamen Auto irgendwohin allein in den Urlaub gefahren. Fred strafte sie jetzt mit Schweigen. Irmela weinte: „Drei Monate lang habe ich ihn gebeten, mit mir Geduld zu haben, bis ich meine Diplomarbeit abgeschlossen hätte. In vier Wochen werde ich sie abgeben. Aber er hat einfach nicht hingehört. Ich weiß, das mag verschroben klingen, aber wenn ich unter Prüfungsdruck stehe, tendiert meine Sexualität gegen Null. Schlimmer noch: Wenn der Partner sie mir in dieser Situation auch noch als ‚eheliche Pflicht' abfordert, gerate ich erst recht unter Druck und Panik. Ich kann Erotik nur im entspannten Zustand leben."

„Sex entlaufen" – wie eine Katze aus der Nachbarschaft. So ist es, und so einfach könnte der Sex wieder eingefangen werden, wenn beide sich verständigten. Fred würde vermutlich argumentieren, dass er gerade bei Stress den Eros wie eine gute Droge brauche. Das ist sein gutes Recht. Aber er ist nicht Anita. Sex verlangt auch Rücksicht und schöpferische Vereinbarungen. Ich habe Anita empfohlen, Freds „Flucht" nicht zu dramatisieren, sondern sich mit ihm nach seiner Rückkehr auszusprechen und sich beiden nach Abschluss der Diplomarbeit heiße Sexferien in ihrem geliebten Südfrankreich zu gönnen.

Über Sexualität Vereinbarungen zu treffen, heißt schlicht und einfach auch, die unterschiedlichen Temperamente zu berücksichtigen. Wenn die Frau, vielleicht auch auf Grund ihrer schwierigen Biografie, in der Sexualität eher zur Reserve neigt, der Mann dagegen sehr häufig Sex will und Verfügbarkeit erwartet, so haben wohl beide etwas zu lernen.

Wo steht, dass wir in der Sexualität nicht lernen müssen? Die Frau hat die Aufgabe vor sich, vielleicht in einer Frauengruppe, ihre Weiblichkeit, Frechheit und Lust endlich zu entdecken und fließen zu lassen. Der Mann muss lernen, seine Sexualität im Rahmen einer Begegnung mit seiner Frau anzupassen und sie „kompatibel" zu machen. Beiden würde ich wünschen, dass sie Mut haben und einen der in allen größeren Städten angebotenen Tantra-Kurse zu besuchen, um ihren Eros zu kultivieren.

Langeweile ist ein Feind der Sexualität. Vielleicht deutet das „nur nicht grad jetzt" der Frau oder des Mannes manchmal auf diesen verborgenen Übelstand hin. Einer von beiden hat nicht so die richtige Lust, weil die von beiden praktizierte Sexualität ihn oder sie nicht mehr so antörnt.

Ines und Peter waren in eine solche Situation geraten. Sie liebten sich. Sie waren beide schlank und attraktiv. Aber der Beruf und die drei Kinder formten sie doch mehr, als sie es sich je vorgestellt hatten. Die Tage waren verplant, die Freizeit am Abend knapp und schlecht abgestimmt. Von der einstigen Freiheit waren ihre Bauchtanzgruppe und sein Handballabend übrig geblieben. Ines wurde zum „Störenfried": Auf Peters ohnehin schwächer werdenden sexuellen Signale hin winkte sie müde ab. In einer Sitzung rückten Ines und Peter damit, fast wider Willen, heraus. Das Unbewusste ist ein mächtiger Stichwortgeber, wie jeder Therapeut weiß.

Peter fragte geradeheraus: „Warum schläfst du so selten mit mir?"
Ines: „Weil es mir zu langweilig ist."
Peter: „Was ist dir zu langweilig?"
Ines: „Alles."
Peter: „Was alles?"
Ines: „Ja, einfach alles, das Ganze darum herum. Beischlaf immer nur in unserem Schlafzimmer, das ist so eine Pflichtübung. Früher haben wir uns im Garten oder in der Küche, im Stehen geliebt. Das war aufregend. Du bist einfach mit meiner Lust über mich gekommen, oder ich habe dich ‚fertig gemacht'. Die Kinder sollten es nicht merken. Wir sind danach mit roten Ohren durchs Haus geschlichen und haben uns dabei königlich amüsiert. Ich mag auch diesen ewig sanften Kuschelsex nicht mehr. Schau mich nicht so an, aber ich möchte es ein bisschen härter, ein bisschen mehr Kampf und Unterwerfung, Locken und Verführen, Widerstand und Hingabe. Weißt du noch, wie wir früher, als die Kinder noch nicht da waren, mit Prickeln gemeinsam erotische Literatur gelesen haben?"

Ines und Peter fanden wieder zu einer spielerischen Sexualität. Trotzdem möchte ich nicht der Illusion Vorschub leisten, die Paarbeziehung ließe sich auf Dauer zu einem zirzensischen Ort erotischer Hochleistungen „toppen". Das kann nicht sein. Das ist der Ausfluss einer Konsumideologie, die selbst noch die Intimität zu einem Hochleistungssport der Spaßgesellschaft vermarkten will. In dem intimen Binnenklima einer langjährigen Beziehung leben wir meist befriedete Beziehungen.

Da kommt leicht ein Hauch von Bruder-Schwester-Verhältnis, Kumpelkoalition, ja Mama-und-Papa-Beziehung hinein. Das ist so fluchwürdig nicht, wie es scheint. Das sind Übertragungsmechanismen, die uns durchaus auch schützen und zur Nähe-Distanz-Bilanz gehören. Die alltägliche Sexualität in festen Beziehungen kann schließlich kein permanentes „Grenzerlebnis" sein, sondern bildet den verlässlichen Halt der Ehe. Was ich damit sagen will? Nichts mehr, aber auch nichts weniger, als dass meiner Meinung nach eine ausreichend gute Sexualität ausreicht. Sexualität ist wie segeln. Mal ruht das Boot im Hafen, mal dümpelt es vor sich hin, mal gewinnt es in einer flachen Brise langsam an Fahrt, bald jagt es im Sturm über die Wellen.

Die Sexualität kann nicht dynamischer sein, als wir beide es zu diesem bestimmten Lebenszeitpunkt sind. Bald sind wir eher grau und arbeitsbienenhaft, winterlich verschlossen und ernst, bald bricht der Seelenfrühling auf, wir stecken voller Schabernack und überbordender Lebenslust. Dass das innere Kardiogramm des Partners nicht synchron verläuft, sondern bald verschieden, bald deckungsgleich ist, liegt auf der Hand. Die Sexualität spiegelt die Dynamik eines Menschen und seiner Lebensgeschichte wider, seine Geschlechtsidentität, seine Bedürfnisstruktur, seine Beziehungsstruktur. Sind diese vital und spannungsvoll, so sind die Chancen einer lebendigen Sexualität erheblich besser. Sexuelle Langweilereien und Störungen sind also immer auf die zu Grunde liegende Charakter- und Beziehungsstruktur eines Menschen zu befragen, zu entschlüsseln. Wir können sie nicht mit flachen Ratgeberweisheiten kurieren.

Das heißt nicht, das wir reizvolle Unterwäsche und aphrodisische Ingredienzen verteufeln sollten: Ein Champagner lässt die „süße Wut der Liebe" (Nietzsche) prickeln. Aber sexuelle Abstinenz oder Dynamik verweisen immer auf das aktive oder passive Stoffwechselverhältnis eines Menschen in der Beziehung und zur Welt hin. Sie sind Folge wie Bedingung dafür. Sigmund Freud konstatiert in seiner Schrift *Die kulturelle Sexualmoral und die moderne Nervosität* (1908): „Das sexuelle Verhalten eines Menschen ist oft ‚vorbildlich' für seine ganze sonstige Reaktionsweise in der Welt. Wer als Mann sein Sexualobjekt energisch erobert, dem trauen wir ähnliche rücksichtslose Energie auch in der Verfolgung anderer Ziele zu. Wer hingegen auf die Befriedung seiner starken sexuellen Triebe aus allerlei Rücksichten verzichtet, der wird sich auch anderweitig im Leben eher konziliant und reserviert als tatkräftig benehmen."

Wo sich die Sahelzone sexueller Langeweile steppenartig ausbreitet, da ist nicht die Sexualität, sondern die Beziehung zwischen Frau und Mann kritisch zu hinterfragen. Der verstorbene Frankfurter Psychotherapeut Lukas Michael Moeller stellte einmal fest: „Die ganze Beziehung ist eine erotische Zone." Oder eben eine Wüste.

Das hatten Frauke und Wolfgang vergessen, als sie wegen ihrer schwächer werdenden Sexualität meine Hilfe suchten. Sie liebten sich nicht nur beide, sondern sie fassten sich auch körperlich gerne an. Aber ihr ganzes Leben bestand nur noch aus Arbeit. Sie betrieben gemeinsam eine Dienstleistungsfirma, die sie materiell und personell mit hohem Mut aufgestockt hatten. Es ging um berufliches Sein oder Nichtsein. Sie hatten alles auf diese eine Karte gesetzt. Infolgedessen verstanden Frauke und Wolfgang sich in dieser Lebensphase fast ausschließlich als Arbeits- und Überlebensgemeinschaft. Sie mobilisierten ihre letzten verfügbaren Kräfte. Sie schufteten Tag und Nacht. Sie führten Verhandlungen mit ihrer Bank. Sie motivierten ihre Mitarbeiter. Sie akquirierten Kunden. Das ging bis an den Rand ihre Kräfte. Keiner durfte krank werden. Nichts unvorhergesehenes Privates durfte sich ereignen. Ihre Nerven waren zum Zerreißen gespannt.

Ich konnte Frauke und Wolfgang, was ihre Sexualität anging, beruhigen. Für sie war in dieser Situation äußerster Kräfteanspannung in der Tat vorübergehend wenig Platz. Sollte man das zur Katastrophe hochreden? Ich riet zum Entdramatisieren. Kein Tier, das sich in Todesgefahr befindet, wird auch nur ein Gran Energie auf Sexualität verschwenden. Es wird alle Kräfte zur Flucht oder zur Selbstverteidigung zusammenziehen. So war es auch hier. Es kam, wie ich es Frauke und Wolfgang prognostiziert hatte. Als sich ihre Firma nach einem Jahr stabilisierte und sich die Arbeit wieder in Normalbahnen bewegte, kehrte die Lust wie Schmelzwasser im Frühjahr in das Flussbett ihrer Begierde zurück.

Häufiger sind die kleinen erotischen Eintrübungen. Sie sind ebenso natürlich wie das Wechselspiel unserer Stimmungen und Launen. Wir müssen als Paar lernen, damit umzugehen. Aus den Workshops meiner Selbsterfahrungsgruppen zum Thema Sex präsentiere ich hier nur einige wenige Fragen, die jedes Paar, jede Frau und jeder Mann beliebig für sich erweitern kann:

- Wann habe ich mich zum letzten Mal mit meinem Partner über unsere Sinnlichkeit und intimen Wünsche unterhalten?
- Wann habe ich im Bett gelacht?
- Wann haben wir mit unserer Sexualität wie junge Hunde herumgespielt?
- Richte ich mich nach irgendwelchen idiotischen Normen, wie Mann, wie Frau, sein soll?
- Liege ich als ein passiver Faulpelz platt wie eine Flunder im Bett?
- Wenn habe ich mich selbst zum letzten Mal lüstern nackt im Spiegel angeschaut?
- Wie wichtig sind mir Lusterlebnisse mit meinem Partner?
- Ist zur Lust und Bummelei überhaupt noch Platz in meinem Leben oder verplane ich Werktage wie Sonntage?
- Sind mir andere Dinge viel wichtiger?
- Schone ich meinen Partner so hingebungsvoll, dass bei diesem Kuschelkurs gar keine wilde Sexualität mehr explodieren kann?
- Bin ich vielleicht insgeheim sauer auf die Emanzipation meiner Frau?
- Bin ich eifersüchtig auf die männlichen Unternehmungen meines Partners?
- Habe ich nur den Orgasmus und keine Zärtlichkeit im Kopf?
- Komme ich jeden Abend gleich grau und zu Tode erschöpft nach Hause?
- Ist mir das Glas Bier am Abend wichtiger, als meine Frau zu küssen?
- Ist mir ein gebügeltes Hemd wichtiger, als meinen Mann zu umarmen?
- Ziehe ich den Fernseher dem Gespräch vor?
- Stecke ich bis zur Gurgel in überholten Moralvorstellungen?
- Lasse ich auch einmal, wie es eine Frau in einer meiner Gruppen formulierte, „das Schweinchen in mir“ heraus?

Ein lieber schwäbischer Mann gestand unter dem zustimmenden Gelächter einer Selbsterfahrungsgruppe verschämt, er wünsche sich seine Frau „ein bissele versaut".
Der Bereich erotischer Kultur ist immer noch ein Entwicklungsland. Arbeiten wir daran, eine erotische Kultur aufzubauen. Nietzsche sagt: „Der Kampf um die Lust ist der Kampf um das Leben." Für die Lust sollte „grad jetzt" immer wieder neu Platz sein. Die Lust und die Liebe sind die stärksten Bindemittel unter Menschen. Unsere Lust ist der große Gegenpart des Todes.

„Siehe nur, der Winter ist dahin", heißt es im Hohelied des Alten Testaments, „fort ist der Regen. Die Blumen erscheinen im Lande, die Zeit des Singens ist da, und das Gurren der Turteltaube hebt an. Am Feigenbaum röten sich die Früchte, die Reben blühen und duften – auf, meine Freundin, meine Schöne, und komm!"

Und: „Bis der Morgenwind weht und die Schatten fliehen, komm her, mein Geliebter, tu's der Gazelle gleich oder dem jungen Hirsch auf den duftenden Bergen."

Stimme verschlagen

„Wenn wir eine Zeit lang nicht mehr miteinander sprechen, dann wird unsere Beziehung rostig wie ein Fahrrad ohne Öl." Plastischer und wahrhaftiger wie Erika in der Paarsitzung konnte es keiner sagen. Robert, der etwas bedrückt dabei saß, neigte zum Schweigen. Warum?

Robert kam aus einem Elternhaus mit einer merkwürdigen Kommunikationsstruktur. Sein Vater hatte sich über eine Reihe von Ausbildungsstationen vom Arbeiter zum Ingenieur hochgearbeitet und sich auch eine beträchtliche Bildung erworben. Ein Freund, den er bei der Bearbeitung seines großen Gartens unterstützte, hatte ihm im Gegenzug unentgeltlich am Flügel das Klavierspielen beigebracht. Der Vater entwickelte sich so zur machtvollen und autoritätsstarken Führungsfigur des Familienverbandes, zu dem sechs Kinder gehörten. Sein Sohn Robert war, nach einer älteren Schwester, der zweitälteste und stieg ganz in die tüchtigen Fußstapfen seines Vaters. Er absolvierte Abitur und ein volkswirtschaftliches Universitätsstudium. Er arbeitete sich bis in die Spitzenetage seiner Firma hinauf.

Roberts Mutter war die Tochter einer vielköpfigen Arbeiterfamilie. Sie musste früh aus dem Haus, arbeitete bienenfleißig in einer Wäscherei, konnte jedoch keine Bildungschancen für sich realisieren. Sie war glücklich, den hochstrebenden Mann zu bekommen, ordnete sich ihm unter. Haushalt und Kinder meisterte sie mit unverbrüchlicher Treue und Aufopferung. Ihr Mann, Roberts Vater, war ein granithafter Schweiger, der seine Order an Frau und Kinder mit einem Heben der Augenbraue oder einer kleinen, herrischen Geste anzudeuten pflegte. Am Abend verzog er sich am liebsten hinter seine Bücher und sein geliebtes Klavier. Gespräche tat er als „Zeitverschwendung“ ab. Umso mehr kompensierte die Mutter das bleierne eheliche Schweigen mit einem wahren Wasserfall ununterbrochenen Redens und Kommentierens. Der Vater verachtete sie dafür. Die Kinder spürten das.

Robert lernte früh, „geschwätzige Frauen“ abzulehnen. Auch er beschränkte sich gegenüber Erika in der Kommunikation auf die notwendigsten verbalen Mitteilungen. Erika wiederum verhielt sich nicht anders als seine Mutter. Sie redete gern, leicht und „überflüssig“, um ein Stück emotionaler Fülle in den gefühlskargen Ehehaushalt einzubringen. Daraufhin nannte Robert sie eine „Plaudertasche“. Er zog sich am Abend demonstrativ, wie sein Vater, in sein Arbeitszimmer zurück. Eine unbehagliche Stimmung entstand. Von einer Krise zu sprechen, wäre aber zu viel gesagt.

Als Erika und Robert meine Sprechstunde aufsuchten, beabsichtigten sie eigentlich nur die Klärung einer, für sie allerdings entscheidenden Frage: „Wollen wir ein Kind planen?“ Erika war dafür. Robert war dagegen. Noch nicht oft ist mir bei einer Paararbeit so deutlich geworden, wie sehr das Schweigen die Entfaltung der Liebe blockiert.

Bei Erika und Robert dümpelte die Kinderfrage über Jahre entscheidungslos vor sich hin, weil das Paar nicht wortmächtig wurde. Das heißt, so einfach war der Sachverhalt nicht. Erika hatte durchaus wiederholt, in kleinen Vorstößen, ihren Wunsch nach einem Kind ausgesprochen. Sie war, als die beiden zu mir kamen, dreiunddreißig Jahre alt und wollte, wie sie bemerkte, „keine alte Mutter“ werden. Robert hatte auf ihre Interventionen mit Schweigen geantwortet. Nun ist Schweigen auch eine Antwort, aber eine missverständliche. Die Römer sagten in einem Sprichwort „Qui tacet, consentire videatur.“ – „Wer schweigt, scheint zuzustimmen.“

So hatte Erika Roberts Wortkargheit, sicher auch im Sinne ihrer Wunschvorstellung, gedeutet – und kurzerhand die Pille abgesetzt. Eine Woche später entdeckte Robert, dass die gewohnte Pillendose neben dem Zahnputzbecher im Badezimmer verschwunden war. Er forderte Auskunft, bekam sie und war entsetzt: „Wie kannst du eine solche Lebensentscheidung, die unsere ganze Zukunft beeinflusst, ohne mich treffen?"

Robert sprach von Treuebruch und Verrat. Erika weinte. Sie wehrte sich aber. In der Therapie ereignete sich eines der häufigen Paarwunder, die mein Herz immer wieder von neu anrühren: Erika und Robert lernten, einander voller Ehrfurcht zuzuhören und von sich selbst zu berichten. Denn auch die sprachlich so behände Erika hatte eine Kommunikationsstörung: In ihrer Not überschüttete sie Robert verbal. Sie hielt keinen Augenblick inne. Sie spürte nicht wirklich in sich hinein. Was jetzt hinter der jahrelangen Kruste der Kommunikationsunfähigkeit zur Sprache wurde, das war aufwühlend, überraschend und für beide geradezu die Entdeckung eines neuen seelischen Kontinents.

Fangen wir bei Robert an. Warum wollte dieser im Grunde seines Herzens so warmherzige Mann kein Kind? Egoismus konnte es nicht sein. In den langen Gesprächen stellte sich, im Schutz meines schönen Praxisraumes, heraus, dass Robert, wie er auf dem Höhepunkt seiner Erschütterung unter Tränen preisgab, „keiner Tochter und keinem Sohn zumuten wollte, was mir als Kind zugefügt wurde, nämlich das Desinteresse".

Vergeblich hatte sich der kleine Robert nach Umarmungen und Zärtlichkeiten seines Vaters gesehnt: „Er brachte es einfach nicht, nicht einmal auf dem Sterbebett." Kindheit, das war für Robert ein Albtraum, unzumutbar und keinem eigenen Nachwuchs zuzumuten. Er wollte sozusagen aus Liebe kein Kind.

Dass Robert, gerade mit seiner Traumatisierung, einen wundervollen Vater abgeben könnte, wollte ihm kaum in den Sinn. Dass er sich darüber hinaus, in der rückhaltlosen Liebe zum eigenen Kind, selbst heilen könne, das ging Robert erst Stück für Stück in der Seele auf. Besonders beeindruckte es ihn, dass ich ihn in eine Männergruppe hineinnahm, wo er zwei wundervolle gleichaltrige „neue Väter" kennen lernte, beide zu Hause besuchte und sich an ihrer Väterlichkeit Mut holte. Robert erlebte eine wundersame Wandlung vom verletzten Mann zu einem zärtlichen potenziellen Vater.

Erika musste weinen bei Roberts Geständnissen. Ihr Vorurteil über Robert, „das emotionale Sparschwein", brach zusammen. Zum ersten Mal in ihrem Leben erblickte sie ihren Mann psychisch nackt, bedürftig und seelisch um Hilfe schreiend. Es war, als ob ein Meer ungeweinter Tränen aus Robert aufbräche und langsam abflösse, wie wenn man den Stöpsel aus der Badewanne gezogen hat.

Erika selbst kam aber in den Sitzungen nicht umhin, auch ihren eigenen Wunsch nach einem „Bobbele", wie sie es so schön nannte, zu problematisieren. Warum wollte sie ein Kind? Die Frage klingt vielleicht rhetorisch, handelt es sich doch um den Wunsch des Lebens nach sich selbst. Doch Erika sagte etwas Merkwürdiges: „Ich will dieses Kind, damit es mir ganz gehört und damit ich es restlos lieben kann."

Der Satz gab gleich zweifach zu denken. Offensichtlich hatte Erika in ihrem Leben nie etwas richtig für sich besessen. Genauso war es. In einer fünfköpfigen Kinderschar als Zweitjüngste und unter armseligen Umständen aufgewachsen, besaß sie lange Zeit kein eigenes Bett und keine eigene Puppe. Sie musste die Kleider der älteren Schwestern auftragen. An die geliebte Mutter kam die etwas schwerblütige Erika kaum heran, weil die Geschwister immer schneller waren. Deswegen konzentrierte sich jetzt die erwachsene Erika auf den stolzesten Besitz ihres Lebens, ein eigenes Kind.

Nun ist klar, dass ein Kind keinen Besitz darstellen kann. Eine klammernde, symbiotische Mutter stellt vielmehr eine Gefahr für das größer werdende Kind dar: weil es sich später nicht ablösen und selbstständig werden darf.

Das ist der eine kritische Punkt. Aber was hatte es mit Erikas Bemerkung auf sich, dass sie dieses obskure Objekt ihrer Liebe „restlos" lieben dürfe? Ich fragte Erika: „Liebst du dich restlos?" Sie verneinte. Es stellte sich heraus, dass Erika sich überhaupt nicht liebte. Sie lehnte sich körperlich und geistig ab. Sie empfand sich als „ungebildet, unattraktiv und plump". Das heißt, Erika hatte die größte Liebesgeschichte ihres Lebens, nämlich die zu sich selbst, noch nicht absolviert. Wer aber sich selbst nicht anzunehmen und zu lieben vermag, wie soll der einem Kind eine angemessene, reife Liebe entgegenbringen und sich nicht an ihm in einer Art Affenliebe schadlos halten?

Hier gab es nun ein Meer der Tränen bei Erika. Sie verrichtete in der Therapie viel Arbeit, um endlich seelische Heimat in sich selbst zu finden. Robert sah die „lustige" Erika ebenfalls plötzlich psychisch nackt. Er war ergriffen. Beide liebten sich noch mehr, noch existenzieller, noch bewusster. Dass die Entscheidung für das Kind fiel, war nur noch ein Randgeschehnis. Viel wichtiger wurde die psychische Neugeburt des Paares. Indem das Paar wahrhaftig zu sprechen lernte, vermochte es die Sonde liebender Erkundigungen in die Tiefen des gemeinsamen Unbewussten zu senken und das Hier und Jetzt der Liebe im Augenblick festzuhalten.

Wem es die Sprache verschlägt, dem verschlägt es die Liebe. Das Hier und Jetzt erfüllter, liebender Spannung ist nur über eines zu erreichen: das Sprechen. Wenn ich dich „grad jetzt" nicht so ganz zu würdigen oder mit voller Seele zu lieben vermag, dann muss ich es dir erklären. Wenn du „grad jetzt" seelisch Lichtjahre entfernt mit einem anderen Problem, einem Schmerz oder einer Unfassbarkeit beschäftigt bist, dann musst du mir Signale über die Abgründe, die unsere beiden Persönlichkeiten trennen, hinwegmorsen. Solche Morsezeichen schafft selbst die amerikanische Sonde „Voyager", die 1972 ins All geschickt wurde und die inzwischen unseren Planetenkreis für immer verlassen hat. Jedes ihrer Funkzeichen brauchte zuletzt über zwölf Stunden, um bei einem Satelliten in unserem erdnahen Orbit einzutreffen. „Voyager“ wird zwei Millionen Jahre brauchen, um dem nächsten Stern zu begegnen. So viel Zeit haben wir nicht – sprechen wir lieber.

Sprechen ist Annäherung, Austausch, Feinabstimmung, Verbundenheit von Selbstportraits. Im Sprechen sind wir als Paar die kleinste Selbsthilfegruppe der Welt. Frauen und besonders wir Männer müssen diese Kultur des Sprechens lernen. Wie das gehen kann, hat Lukas Michael Moeller in seiner Technik des Zwiegesprächs in seinem Buch *Die Wahrheit beginnt zu zweit* entwickelt. In einer leicht variierten Form bringe ich das Frauen und Männern in meinen Paarseminaren bei.

Man nehme, einmal im Monat, eine Stunde Zeit für sich. Man teile die Stunde in dreimal zwanzig Minuten. Die ersten zwanzig Minuten spricht A. B hört nur zu, ohne eine Frage zu stellen. Die zweiten zwanzig Minuten spricht B. A lauscht hingebungsvoll. Die dritten zwanzig Minuten gehören dem gemeinsamen Dialog über das gewählte Thema. Das Zwiegespräch eignet sich für alle, schlechthin alle Themen der Paarwirklichkeit: Finanzen. Freizeit. Kindererziehung. Sexualität. Zärtlichkeit. Urlaub. Schwiegereltern. Zukunftspläne. Ausbildung. Streit um die Hausarbeit. Gesundheit. Religion. Kulturelle Veranstaltungen. Ängste. Freuden. Hoffnungen.

Die Regeln sind einfach: Das Gespräch darf unter keinen Umständen gestört werden. Das Paar sitzt sich körpersprachlich eng zugewandt gegenüber, Knie an Knie. Es trinkt nicht, es raucht nicht, es geht nicht ans Telefon, es öffnet nicht die Haustür. Wer spricht, spricht in der Ich-Form. Das heißt, er beschuldigt und „kolonialisiert“ den anderen nicht. Das Zwiegespräch ist ein Büchsenöffner für die Seele und eine kostenlose Selbsttherapie. Zwiegespräche stiften eine neue Beziehungskultur.

Bei fast allen Paaren hat ein Partner die Rolle des Sprechenden übernommen, der andere die des Schweigers. Das Zwiegespräch stellt, gleichsam mit der Apothekerwaage ausgewogen, eine oratorische Gleichheit her. Es nötigt den Vielredner sanft zur Begrenzung, den Verschlossenen zur Rede und zumutbaren Selbstöffnung. Vor allem uns Männern eröffnet sich im Zwiegespräch die einmalige Chance, die Verpanzerung aufzubrechen, weich zu werden, uns selbst zu fühlen und uns zu öffnen. Sonst gilt noch in hundert Jahren der ätzende feministische Spruch für uns: „Manche Männer werden erst im Krematorium warm."

Wir wissen heute, die Welt hat ihre früheren Gewissheiten verloren. Das Leben ist eine Baustelle. Wir sind die Architekten, auch in der Beziehung. Der polnische Aphoristiker Stanislaw Jerzy Lec sagt einmal in seinen *Unfrisierten Gedanken*: „Die Ehe ist eine Institution. Reichen die Mitarbeiter auch aus?"

Wo jeder von uns und wir alle beide Architekten des eigenen Lebens- und Eheentwurfes werden, müssen wir alle entscheidenden Lebensfragen erstmals in der Geschichte der Menschheit als Paar und als Individuum selbst lösen: den Beruf, den Wohnort, den Beziehungsmodus von der Wochenendbeziehung bis zur klassischen Ehe, die Spiritualität, die politische Position, das „postmoderne Outfit", den Lebensstil, die Wohnungseinrichtung, die Verhütung, die Kinderzahl, die Umschulung, Parteimitgliedschaft und ehrenamtliche Engagements, die allabendliche Wahl zwischen mehreren Dutzend TV-Kabelprogrammen, den Schultyp für die Kinder, Shiatsu oder Akupressur, Steak oder Vollwertkost, Haus bauen oder *savoir vivre*, gusseiserne Treue oder Außenbeziehung, Hausfrau-Sein oder Berufstätigkeit . . .

Es sind *Riskante Freiheiten*, von denen die Soziologen Ulrich Beck und Elisabeth Beck-Gernsheim in ihrem gleichnamigen, 1994 erschienenen Werk sprechen: „Der Mensch wird, im radikalisierten Sinne Sartres, zur Wahl seiner Möglichkeiten, zum homo optionis (Mensch der Möglichkeit – M. J.). Leben, Tod, Geschlecht, Körperlichkeit, Sexualität, Religion, Ehe, Elternschaft, soziale Bindungen – alles ist sozusagen bis ins Kleingedruckte hinein entscheidbar, muss, einmal zu Optionen zerschellt, entschieden werden."

Das bedeutet, dass wir auch in der Liebe in ein Laboratorium der lebensphilosophischen Experimente eingetreten sind. Nichts läuft mehr von alleine. Wir müssen uns, im Rahmen einer *Konsensmoral*, als Paar *sprechend* miteinander verständigen. Wir sind, wie Sartre sagt, „zur Freiheit verdammt".

Sind wir nicht auch zur Liebe verurteilt? Wenn das stimmt, brauchen wir die Sprache, um der Liebe immer neu und „grad jetzt" den Atem einzuhauchen. Wie sagt Stanislaw Jerzy Lec so schön: „Blasen wir selbst in unsere Segel!"

Haarrisse

Eine beiläufige Bemerkung von Dieter machte mich stutzig. Er war zu mir in eine Einzelberatung gekommen, um mit Blick auf seinen Beruf, Fragen seiner unterentwickelten Männlichkeit, seines mangelnden Bisses und Durchsetzungsvermögens durchzuarbeiten. „Rosie“, so bemerkte er, „zieht sich ja für mich seit längerem nicht mehr nett an. Aber wenn sie zur Chorprobe geht, dann brezelt sie sich auf, als ob sie einen Heiratskandidaten suchte.“

Jetzt wollte ich es genau wissen. Meine Neugier war erwacht. Was das heiße, dass Rosi sich zu Hause nicht nett anziehe, fragte ich. Dieter: „Wenn sie am Abend nichts vorhat, läuft sie in einem schlabbrigen Trainingsanzug herum. Am Samstagmorgen bleibt sie gleich im Bademantel. Sie schminkt sich nicht, sie richtet sich nicht die Haare. Überall stehen ihre Aschenbecher herum. Dabei weiß sie natürlich, dass ich Nichtraucher bin und den Gestank in der Wohnung nicht ertrage. Sie lässt dann auch die Wohnung etwas verschlampen, nicht dramatisch, aber sichtbar. Ich räume hinter ihr her. Wenn sie mit dem Essen dran ist, deckt sie nicht richtig, sondern knallt einfach die Pötte aus der Küche auf den Tisch im Esszimmer. Natürlich macht sie auch keinen Nachtisch.“

Als Paartherapeut mit der symmetrischen Betrachtung der Paargeschehnisse vertraut, in denen es immer um *actio* und *reactio* geht, fragte ich zurück: „Könnte es sein, dass Rosie mit ihrem Verhalten, bewusst oder unbewusst, gegen dich und deine Art protestiert?“ Dieter gab sich ahnungslos. Wenn ich ihm Glauben schenken sollte, so hatte sich Rosie von einer zauberhaften Traumfrau zu Beginn der Ehe über Nacht und ohne irgend einen Anlass, einfach so, zur Kratzbürste entwickelt. Dieter unterstützte eine solch wundersame Deutung, indem er unklar etwas von „Wechseljahren“ murmelte. Dabei waren Rosie und er achtunddreißig Jahre alt . . .

Da ich mit Dieter ohnehin im psychotherapeutischen „Frühjahrsputz“ war, schlug ich ihm vor, Rosie zu einer der nächsten Sitzungen mitzubringen. Er reagierte merkwürdig irritiert und ängstlich auf diesen Vorschlag. Was befürchtete Dieter?

Die Stunde nahte. Rosie erschien. Sie war eine hübsche dunkelhaarige Frau, mit einem Anflug von Molligkeit, wie viele Männer das lieben. Natürlich kam sie auch nicht im Trainingsanzug, sondern in einem flotten Kostüm, glänzend manikürt und, da es Sommer war, auch pedikürt, mit leuchtend rot lackierten Fußnägeln. Um mit ihr eine Vertrauensbasis herzustellen, sprach ich erst einmal mit Rosie allein. Sie war offen und vertrauensvoll und ließ sich auf meine gute Absicht ein. Ich fragte Rosie geradeheraus: „Stimmt das, dass du dich, wenn du zu Hause bist, Dieter gegenüber kleidungsmäßig gehen lässt und keine Liebe mehr in den Haushalt investierst?“

Rosie schlich nicht lange um den heißen Brei herum. Sie erklärte: „Wenn Dieter das so geschildert hat, dann stimmt das auch. Hat er dir erzählt, dass er im letzten Monat – zum zweiten Mal – unseren Hochzeitstag vergessen hat? War er so ehrlich zu sagen, dass er sich dafür nicht entschuldigt hat? Hat er dir berichtet, dass er ein alter ‚Messie‘ ist und seit zwei Jahren unsere Garage so zugemüllt hat, dass wir unsere beiden Autos im Freien parken müssen? Weißt du, dass er vier von ihm selbst genannte Aufräumtermine einfach ‚vergessen‘ hat? Weißt du, dass ich sein Arbeitszimmer schon seit Jahren nicht mehr betreten kann. Er hat es, bis auf einen kleinen Trampelpfad, total zugestopft, zum Teil mit Studienunterlagen von vor zehn Jahren. Weißt du, dass Dieter sich jeden Abend hinter den Fernseher verkriecht?“

Dieter hatte mit seiner Nervosität richtig gelegen. Rosie hatte mit dem klassischen Beziehungsgespür einer Frau die Unstimmigkeiten beim Namen genannt. Ja, sie war sauer. Ja, sie zog sich für „diesen Mann“ schon seit einiger Zeit nicht mehr nett an. Warum sollte sie ihrem Dieter den Tisch schön decken, wenn er auf ihre Wünsche nach Entsorgung der Doppelgarage und Räumung des Arbeitszimmers nicht einging? Was hier, eher per Zufall, sichtbar wurde, waren die *Haarrisse* der zehnjährigen Beziehung.

Haarrisse sind normal. Es sind sozusagen die Material- und Verschleißerscheinungen einer Beziehung. Noch sind sie nicht dramatisch. Aber sie sind doch bereits so weit spürbar, dass der Enthusiasmus der alltäglichen Liebe kollabiert. „Ich liebe dich. Nur nicht grad jetzt, wo du nicht aufräumst.“ – „Ich liebe dich. Nur nicht grad jetzt, wo du zum zweiten Mal den Hochzeitstag vergisst und dich nicht einmal dafür entschuldigst.“ Oder: „Ich liebe dich. Nur nicht grad jetzt, wo du dich kleidungsmäßig gehen lässt und das Essen lieblos auf den Tisch knallst.“

Hier ist der Punkt, an dem ein Paar hellhörig werden muss. In unserem Fall wussten beide grundsätzlich, was sie aneinander hatten. Rosie arbeitete tüchtig als PTA in einer Apotheke, Dieter als verlässlicher Computerfachmann in der Personalabteilung einer Firma. Jetzt mussten beide die Haarrisse in ihrer Beziehung ernst nehmen. Auch hier war es wiederum Rosie, die radikal ernst machte. Zu Dieters Verblüffung und meinem Erstaunen packte sie aus. Sie hatte sich nämlich inzwischen in einen Günther verknallt, der mit seiner tiefen Bassstimme in ihrem Chor sang. Deswegen richtete sie sich natürlich auch so besonders hübsch für den wöchentlichen Chorbesuch. So falsch war Dieter mit seinem Verdacht nicht gelegen.

Noch war nichts passiert. Günther war verheiratet und hatte zwei Kinder. Was liebte Rosie an ihm? Die Antwort ist einfach: Genau das, was sie inzwischen an Dieter vermisste: Zärtlichkeit, Zuwendung, Lebendigkeit, Unternehmensfreude, Lächeln, Einfälle, Respekt.

Dieter begriff. Er bekam es mit der Angst zu tun. Er wollte auf gar keinen Fall Rosie verlieren. Innerhalb eines einzigen Wochenendes räumte er die schicksalsträchtige Doppelgarage, am Wochenende darauf seine Hexenstube von Arbeitszimmer auf. Dieter machte plötzlich tolle Freizeitvorschläge. Er entdeckte Rosie wie einen neuen Brautschatz. Rosie blühte auf – den grausigen Trainingsanzug verbrannten beide in einem feierlichen Akt im Kamin ihres Wohnzimmers, nicht ohne ihm einige Tropfen eines edlen französischen Kognaks nachzuschütten. Solche Zeremonien sind wichtig. Sie bereinigen ein lange vor sich hin schwärendes Übel in einem unvergesslichen Szenario.

Was Dieter und Rosie gegeneinander praktizierten, nennt man in der Fachsprache der Psychologie *passive Aggressionen.* Man „vergisst“, schlampt, zickt, blockiert, verweigert, aber alles unterhalb der Explosionsgrenze. Das ist ein sorgsam austariertes Spiel. Es ist ein Zermürbungskampf auf Raten und mit verdeckten Karten. Beide kämpfen aus der Position der Schwäche in einem nicht enden wollenden Stellungskrieg. Weil ein Grundkonflikt ungelöst ist, können beide auch nicht mehr ein unbefangenes Ja in der Liebe sagen. Es sind die kleinen Nadelstiche, die die Beziehung verletzen. Bevor wir damit nicht aufhören und die Ursachen begreifen, verharren wir im kleinen Groll. Wir bringen keine Liebeserklärungen mehr über unsere Lippen. „Wenn ich in einer solchen Stimmung bin“, vertraute mir einmal eine Klientin an, „wünsche ich mir immer, dass meinem Mann einmal etwas auf den Kopf fällt – es muss ja nicht gleich ein Baugerüst sein.“

Mich erinnern diese Haarrisse und seelischen Verweigerungsstrategien an die unerfreulichen Geschehnisse im Märchen *Der Froschkönig.* Wir erinnern uns: Die verwöhnte Prinzessin hat sich eigentlich nur gegen ihren Willen auf ihren Frosch-Mann eingelassen. Er ist der Mann fürs Grobe. Er besorgt ihr die goldene Kugel wieder, das heißt, er hilft ihr, das Elternhaus zu verlassen und sich neu zu etablieren. Die Prinzessin-Frau ist zickig und weinerlich. Bislang hatte ihr der Papa alle Steine aus dem Weg geräumt. Die Schönste unter ihren Geschwistern ist sie zu allem Überfluss auch noch. Kein Mann ist gut genug für sie. Und nun diese Type!

Der Frosch-Mann seinerseits ist infantil. Er will doch allen Ernstes ihr „Spielkamerad" sein. Er klammert unausstehlich: Grundsätzlich will er von ihrem „Tellerlein" essen, aus ihrem „Becherlein" trinken und immer nur in ihrem „seidenen Bettlein" schlafen. Wenn sie sexuell nicht pariert, droht er: „Ich sag es deinem Vater!"

Die Prinzessin kann nicht sagen, dass sie den Frosch-Mann liebt. So würde es auch nicht stimmen. Dazu wird er einiges ändern müssen. Der Frosch-Mann kann nicht sagen, dass er die Prinzessin liebt. Denn in Wahrheit liebt er seine Bequemlichkeit und begehrt die Prinzessin eigentlich nicht als Frau. Er führt vielmehr ein Bruder-Schwester-Verhältnis mit ihr. Doch weil es nur *Haarrisse* sind, sind die beiden, wie die meisten von uns, Weltmeister im Aushalten. Ihre Beziehung ist symbiotisch, klammernd, unreif.

Haarrisse und *passive Aggressionen* ereignen sich besonders auch im Bereich der Sexualität. Meist sind sie ein Ausdruck beiderseitiger Hilflosigkeit. Thomas und Brigitte waren in eine solche vertrackte Situation geraten. Sie wussten nicht, was mit ihnen geschah. Sie schliefen seit einem halben Jahr nicht mehr miteinander. Das beunruhigte sie beide. Denn sie waren noch ein verhältnismäßig junges Paar, knapp über vierzig. Lange Zeit war Thomas in Sachen Sexualität immer der Werbende gewesen, sie die erotisch eher Zurückhaltende. Brigitte hatte eine komplizierte erotische Biografie hinter sich. Sie war lange Zeit schüchtern gewesen. Sie hatte unerfreuliche sexuelle Erlebnisse hinter sich. Falsche Scham hatte Brigitte davon abgehalten, ihre Blockaden in einer Therapie zu bearbeiten.

Thomas ahnte nichts von der inneren Dornenhecke, hinter der sich Brigitte geschützt und verkrochen hatte. Er ärgerte sich zunehmend, dass er immer der erotische Bittsteller war. Das nagte, wie man leicht nachvollziehen kann, an seinem Selbstbewusstsein. Immerhin war er ein gepflegter und sportlicher Mann, den die meisten Frauen „nicht von der Bettkante gestoßen“ hätten. Weil er sich gekränkt fühlte, begann Thomas erotisch zu mauern. Jetzt unternahm er nichts. Er warb nicht. Er ging nicht mehr auf Brigitte zu.

Was geschah? Nichts. Das war für Thomas noch kränkender. Aber auch er brachte den Mund nicht auf. Über dem Thema lag ein Tabu. Immerhin hätte er den Mut gebraucht, einmal, auch mit allen Anzeichen seines Grolls, über seine männliche Kränkung zu sprechen. Immerhin hätte sie ihm etwas über den Dornenverhau in ihrem Inneren offenbaren müssen. Dornröschen schwieg lieber.

Unmerklich eskalierte die Situation. Dazu trugen zwei Menschen bei. Zum ersten Mal erlebte Thomas in seiner Schwägerin Eva eine Frau, die gern mit ihm flirtete, ihn berührte und ihn mit winzigen erotischen Anzüglichkeiten stimulierte. Eva war verheiratet *und* sexy. Das ist nicht selbstverständlich. Denn wie sagt die Schriftstellerin Françoise Sagan so scharfzüngig: „Von manchen Menschen glaubt man, sie seien tot. Dabei sind sie nur verheiratet.“

Thomas verfiel ins Grübeln. Allen Ernstes fragte er sich, wie er später in der Paarsitzung gestand: „Habe ich die falsche Schwester geheiratet? Wäre ich mit Eva nicht glücklicher geworden?“

Dann kam Frau Nr. 2: Renate. Sie war eine Arbeitskollegin von Thomas. Auf einer Fortbildungswoche verknallten sich beide ineinander. Sie redeten halbe Nächte hindurch. Sie küssten sich. Sie streichelten sich. Kurz, sie hatten so viel Vergnügen aneinander, dass sie gerade noch mit heroischer Mühe „das Letzte“, wie es in der Teenagersprache heißt, aussparten. Doch nichts war mehr wie zuvor. Thomas hatte Blut geleckt. Er spürte beglückt seine Männlichkeit wieder. Er wollte endlich von Brigitte den einen, erlösenden sexuellen Satz hören: „Ich begehre dich sehr – grad jetzt!“

Was tun, wenn ein solcher Satz von selbst nicht kommt? Thomas trat die Flucht nach vorne an. Jetzt, in der Paartherapie, konfrontierte er Brigitte mit seiner Faszination durch ihre Schwester Eva und mit der stürmischen Episode mit Renate. „Die Wahrheit ist jedem zumutbar", sagt die Dichterin Ingeborg Bachmann. Brigitte zeigte sich positiv schockiert. Sie wachte auf. Es kam von ihr kein Wort des Vorwurfs. Zum ersten Mal gab sie in der Therapie Thomas Einblick in die Dornengestrüppe ihres Eros. Sie räumte auch etwas ganz Erstaunliches ein: Die Naturburschenhaftigkeit und fidele Sexualität von Thomas habe sie, wenn sie es recht bedenke, schon seit Jahren neidisch und wohl deshalb aggressiv gemacht. Sie hätte es ihm einfach nicht gönnen können angesichts ihrer eigenen Hemmungen. Deswegen sei sie auch nie auf ihn zugegangen: „Es war fast so, als ob ich dich bestrafen wollte."

Da wurden Thomas Augen groß wie Untertassen. So kompliziert sieht oft die Dramaturgie des Unbewussten aus. Brigitte ging im Folgenden in eine Frauengruppe, in der sie die „Wolfsfrau", wie sie sagte, in sich entdeckte. Durch die ehrliche Aussprache vermochten beide offen zu agieren. Die passive Aggression, den anderen erotisch bis zum Umfallen warten zu lassen, verlor ihren Sinn.

Nicht dass damit alle Probleme bei Brigitte und Thomas über Nacht verschwanden. Aber sie hatten die ehelichen Haarrisse erkannt. Nun konnten sie auf den manipulativen Umgang miteinander verzichten. Für Thomas war es eine Entdeckung, dass Sexualität auf komplizierten Geschlechts-, Bedürfnis- und Kommunikationsstrukturen beruht. Er erkannte, dass Sexualität als die hohe Kunst der *ars amandi* erlernt und korrigiert werden muss und kann. Thomas gestand verblüfft gegen Ende der Paarsitzungen: „Ich hätte nie gedacht, dass man so befreiend und rückhaltlos über Ängste und Wünsche in der Sexualität sprechen kann. Ich danke dir, Brigitte."

Nichts lagert sich in einer Langzeitbeziehung rascher ab als der graue Staub der Gewöhnung. In der brillanten Beziehungskomödie *Happy* von Doris Dörrie gesteht Anette ihrem Boris: „Ich glaube, das passiert den meisten, sie werden zu Staubfängern, und ihre Liebe sitzt irgendwo in einer Ecke im Wohnzimmer und nagt an einem alten Knochen." Boris antwortet: „Das passiert uns nicht."

Das sagen wir meistens. Bis es kracht.

Sündenböcke

In seinem schönen Buch *Wie Partnerschaft gelingt – Spielregeln der Liebe* (1998) sagt der große Paartherapeut Hans Jellouschek: „Bei allem Bemühen ist es . . . unvermeidlich, dass wir einander verletzen und so aneinander schuldig werden – gerade an den Menschen, die wir am meisten lieben, das ist unser Schicksal, dem wir nicht entkommen."

Oft sind es die kleinen Verletzungen, die unser Alltagsglück schmälern und einen Mehltau über die Liebe legen. Wir werden, um ein großes Wort der griechischen Tragödie zu bemühen, unschuldig-schuldig. Warum? Weil wir die Gesetze der Psychologie nicht kennen. Weil wir uns selbst fremd sind. Besonders deutlich wird das, wenn wir wieder einmal den Partner zum Sündenbock machen. Schuld ist immer der andere. Wenn er anders wäre, würde es mir gut gehen. Ich selbst bin verträglich, tolerant, warmherzig, tief und großzügig – der Partner ist kleinkariert, unbeherrscht, kühl, flach und unverträglich. Was stimmt daran nicht?

Wie kommt es, dass ich, um mit dem Evangelisten Lukas zu sprechen, den Splitter im Auge des Partners wahrnehme, den Balken im eigenen Auge aber übersehe? Was ist der tiefere Grund des Sündenbock-Mechanismus? Wir Therapeuten lernen, neben der praktisch-theoretischen Ausbildung und der Lehranalyse, am meisten von den Klienten. Es sind liebende und liebenswerte Menschen, die uns gegenübersitzen. Sie beschenken uns mit ihrem Vertrauen, ihrer Lebendigkeit und ihrer einzigartigen, unverwechselbaren Persönlichkeit. Sie lehren uns, die Theorie in die Praxis zu übersetzen. Albrecht und Senta, beide um die vierzig Jahre, führten mich auf unübertreffliche Weise in die Mechanik der Sündenbock-Projektion ein. Senta schimpfte Albrecht einen „Faulpelz", Albrecht Senta eine „Pedantin". Ich stand dazwischen, ratlos bis in die Knochen.

Senta, die „Pedantin", hatte sich aus bescheidenen Verhältnissen hochgearbeitet zur Oberstudienrätin für Mathematik und Physik. Sie war bienenfleißig, schmiss neben der Arbeit den Haushalt mit den beiden Kindern, versorgte die kränkelnde Schwiegermutter im eigenen Haus und nahm überdies an beruflichen Fortbildungen teil, um sich für die Leitungsfunktion einer Gymnasialdirektorin zu qualifizieren. Senta war in der Tat fleißig, ordentlich, akkurat und penibel. Humor war nicht ihre stärkste Seite, wohl aber Verlässlichkeit, Zähigkeit und ein immenses Engagement. Sie hatte ihren Aufstieg allein ihrem eisernen Willen und ihrer zielgerichteten Energie zu verdanken. Körperlich etwas streng wirkend und wenig weiblich, arbeitete Senta rund um die Uhr, nicht zuletzt, um auch den Töchtern eine gymnasiale und spätere universitäre Ausbildung zu ermöglichen. Ihr hatte das Leben nichts geschenkt. Was sie hatte, verdankte sie sich selbst. Und dann diese „Katastrophe" von Mann. Sie nannte ihn, vor meinen Augen in der Sprechstunde, einen „notorischen Faulpelz" und „verantwortungslosen Hedonisten". Der letztere Begriff stammt von dem altgriechischen Wort hedoné. Das heißt Freude. Der Begriff Hedonist meint also, früher durchaus positiv, einen Menschen, der Freude und Lebensgenuss lebt.

Albrecht verstand sich als Künstler. Er verkaufte gelegentlich ein Bild oder eine „Installation" und bezog spärliche Einnahmen als „Mitinhaber" eines kleinen Sonnenstudios. Hier hatte er die Buchführung übernommen und putzte am Abend, zusammen mit seiner Teilhaberin, das winzige Studio, um die Kosten für eine Zugehfrau zu sparen. Sehr viel Arbeit war das alles nicht. Aber Albrecht war zufrieden. Er brauchte selbst wenig zum Leben. Er las eine Unmenge von Büchern, liebte moderne Musik, pflegte einen anspruchsvollen Freundeskreis, liebte die Sonne und den Liegestuhl und pflegte seinen kultivierten Weinkeller, ohne in irgend einer Form alkoholanfällig zu sein. Zu mir sagte Albrecht vergnügt: „Zeit zu haben ist für mich die höchste Lebensqualität." Albrecht war ein gutaussehnder, schwarzgelockter und heiterer Mann, nach dem sich die Frauen umguckten und den sensible Männer sich sicher als Freund wünschten. Aber manchmal, wenn ihn die tüchtige Senta wieder einmal einen lebensuntüchtigen Drückeberger nannte, kochte die Wut in ihm hoch und er nannte sie im Gegenzug eine „Pedantin". Das ließ ihre Ehe sachte, aber unübersehbar kriseln.

Ich war, wie gesagt, ratlos. Es ging mir wie jenem Richter in der Anekdote, zu dem zwei verfeindete Kläger kommen, um eine Klärung zu erreichen. Der erste Kläger trägt so beredt sein Anliegen vor, dass der Richter ihm sagt: „Du hast Recht." Dann schildert ihm der Kontrahent seine Sicht der Dinge so schlüssig, dass der Richter befindet: „Du hast Recht." Das erzürnt sich der erste Kläger und klagt: „Das geht doch nicht. Wir können doch nicht beide Recht haben." Da erwidert der Richter: „Da hast du auch Recht."

Im Laufe der Therapie vermochten wir zu Dritt das paardynamische Rätsel aufzulösen. Zum Ersten entdeckten wir, dass sowohl Senta wie Albrecht jeweils den anderen unbewusst zum Sündenbock gemacht hatten, um von den eigentlichen Problemen der Ehe abzulenken. Als eigentliches Problem erwies sich nämlich, dass Senta sich emotional oft zusperrte und sich Albrecht sexuell entzog. Hinter ihrem Verhalten verbarg sich eine bislang unbearbeitete sexuelle Missbrauchsproblematik sowie das emotional karge Klima ihrer Ursprungsfamilie, das sie nie die Sprache der Gefühle erlernen ließ. Senta drückte ihre Liebe nur indirekt, das heißt durch geradezu manischen Fleiß und zementhafte Familientreue aus.

Umgekehrt war Albrecht, zu Sentas Schmerz, ein erotischer Freibeuter, der gelegentlich „kleine Rutschpartien mit anderen Frauen“, wie er in einer Einzelsitzung mir gegenüber einräumte, unternahm. Senta ahnte das, konnte es ihm aber nicht konkret nachweisen. Solange sich Albrecht und Senta in der Faulpelz-Pedantin-Kontroverse verloren, brauchten sie nicht die Kernprobleme ihrer Beziehung anzugehen. Das ist sozusagen der neurotische Mehrwert der Sündenbock-Projektion. Solange ich den Splitter im Auge des anderen thematisiere, den „Faulpelz“, die „Pedantin“, so lange brauche ich den Balken im eigenen Auge, die eheliche Untreue, die emotionale und sexuelle Misere nicht anzugehen.

Die Projektion ist der zweite Aspekt des Komplexes. Warum regte sich Senta so hartnäckig, ja mit geradezu masochistischer Lust über Albrechts „Hedonismus“ auf? Warum biss sich Albrecht so auffällig an Sentas „Pedanterie“ und puritanischem Arbeitsethos fest? Man kann dies mit dem Begriff des *Schattens* erklären. Der Schweizer Arzt und Psychoanalytiker Carl Gustav Jung (1875–1961) hat das Schattenkonzept entwickelt.

Unser Charakter besteht aus Polaritäten. Das sind Gegensätze. Senta zum Beispiel besteht aus einem übermächtigen Pol des Fleißes und eherner Arbeitsmoral. Natürlich hat sie auch einen Gegenpol. Das ist der Lebensgenuss, die Faulheit und das *Laissez-faire.* Nur ist dieser zweite Gegenpol atrophiert, das heißt verkümmert wie ein Muskel, der wenig benutzt wird. Aber es gibt diesen Pol. Diese nicht gelebte „Faulheit“, das heißt Lebensfreude, ist eine Art rumorende Potenz, die, vielleicht unter dem Einfluss einer Verliebtheit oder eines Rausches, plötzlich durchbrechen und die standhafte „Pedantin“ glatt über den Haufen werfen könnte. Senta fürchtet unbewusst diese rebellische Qualität, die sie als Schatten verdrängt hat. Was wäre, wenn sie die Kontrolle über sich selbst verlieren und die Lebensgenießerin ihre anarchische Herrschaft über sie errichten würde?

Diese immer wieder andrängende Seite ist so bedrohlich, dass Senta, wiederum unbewusst, zu einem Gegenmittel greift – der Projektion. Senta wirft Albrecht just ihren eigenen Schatten, den „Hedonisten“ und „Faulpelz“, an den Kopf und erhebt ihn zum Dauervorwurf. In Albrechts Leichtlebigkeit und Lebensfreude begegnet Senta ihr eigener Schatten, ihre verborgene Sehnsucht nach der Süße des Lebens. Indem und solange sie Albrechts stürmische Lebenslust als Schlamperei und Verantwortungslosigkeit bekämpft, hält sie unbewusst die eigene virtuelle „Faulenzerei“ unter Kontrolle und verdrängt das eigene Schattenthema. Sie entlastet sich damit, aber sie missbraucht den Partner für ihre Abwehrstrategie. Senta trägt an Albrecht einen Konflikt aus, der in Wahrheit zu ihr gehört. Albrecht spürt dumpf, dass ihre ständigen Vorwürfe gegen ihn letztlich irgendwie etwas mit Senta zu tun haben.

Umgekehrt ist natürlich auch Albrechts Sündenbock-Strategie projektiv. Wenn er Senta ununterbrochen „Pedanterie“ und „Arbeitswut“ vorwirft, so lässt er unfreiwillig in die dunklen Anteile seiner Schattenpersönlichkeit blicken. Während der Pol Genussfreude bei ihm großartig ausgeprägt ist, ist sein Gegenpol Arbeit und Verlässlichkeit schwach ausgebildet. Um das nicht wahrnehmen zu müssen und damit Verantwortung für seine Entwicklung zu mehr Disziplin zu übernehmen, projiziert er diese nicht gelebten Anteile als Beschimpfungen auf Senta. Tatsächlich wäre hier *sein* großes Entwicklungsfeld.

Als dritter Aspekt des Sündenbockmechanismus wird hier deutlich: Solange wir unsere Schattenseiten und das Nichtgelebte unserer Persönlichkeit negativ auf den anderen projizieren, flüchten wir vor der Erkenntnis unserer Selbst und boykottieren damit unsere Entwicklung. Es ist ein Spiel, das wir bis ans Lebensende betreiben können. Wir weichen damit, um mit C. G. Jung zu sprechen, der mühseligen Arbeit aus, in unsere eigenen Abgründe zu schauen und die *Individuation*, die Ich-Werdung und Reifung, zu betreiben. Wie Blinde tasten wir mit unserem Schatten-Rucksack auf dem Rücken durch das Leben – und durch die Beziehung.

Der vierte, überaus spannende Aspekt des Schattenmechanismus ist seine Entstehungsgeschichte. Ich habe einen Schatten. Der Schatten hat mich. Das ist kein Zufall, sondern es entspricht der Entstehungsgeschichte meines Ichs. Diese ist so kompliziert und aufschlussreich wie die tektonischen Schichten unseres Planeten. Sie ist konservierte Seelengeschichte. Sie spiegelt die besonderen physischen und psychischen Strukturen meines Elternhauses wider. Senta zum Beispiel entpuppte sich im Lauf der Therapie als eine *anale Persönlichkeit*, um in der Terminologie der Psychoanalyse zu sprechen. Sie war als Kleinkind mit barbarischer Rigidität zur Reinlichkeit erzogen worden. Die Dreijährige bekam Schläge, wenn sie noch einmal in die Hose machte. In einem wahren Ordnungsfanatismus war Senta zum angepassten Kind und mechanischen Roboter gedrillt worden. Jede spontane Regung wurde unterdrückt. Senta durfte bei Tisch als Kind, solange sie nicht eigens gefragt wurde, nicht sprechen. Lautes Lachen war in ihrem Elternhaus verboten. Senta hatte diese psychische Dressur *internalisiert*, verinnerlicht. Sie war, längst erwachsene Frau geworden, ein seelisch unterdrücktes Geschöpf, eine Marionette fast, wo es um ihre vitalen Belange ging. All das lag unbearbeitet, unbegriffen und ungeklärt in ihr. Kein Wunder, dass ihre Therapie und die Teilnahme an einer couragierten Frauengruppe für Senta ein fortgesetztes Aha-Erlebnis wurden.

Senta sagte am Ende der Therapie: „Ich habe ein Leben lang nur funktioniert. Ich wusste überhaupt nicht, wer ich bin. Jetzt entdecke ich mich selbst. Das ist die aufregendste Reise meines Lebens – nach innen. Bisher habe ich reagiert. Jetzt agiere ich." Sie wurde rebellisch. Sie reduzierte ihre Arbeit. Sie entdeckte ihre Weiblichkeit. Sie zog sich hübsch an. Sie blühte auf. Sie entdeckte, wie sie es so schön formulierte, die *joie de vivre*, die Lebensfreude.

Der Sündenbock-Mechanismus enthüllt daher als fünften Aspekt etwas vom *Geheimnis unserer Partnerschaft*. Wir sind auf dieses Thema schon eingegangen. Das bedeutet nichts anderes, als dass wir einander aufgegeben sind. Wenn ich begreife, dass ich mit meinen Vorwürfen gegen den anderen in Wahrheit etwas Verborgenes in mir selbst anspreche, dann dient mir der Partner als *Entwicklungshelfer*. Die Dichterin Luise Rinser schrieb einmal: „Nur wer seinen eigenen Schatten kennt und bejaht, der kann es wagen, dem Schatten des anderen zu begegnen."

Auch Albrecht begriff das im Laufe der Paartherapie. Die Entstehungsgeschichte seines Schattens, also des „Hedonismus" und der „Faulheit", war zunächst einmal eine Überraschung für ihn. Er hatte nämlich wie Senta in einem engen, kleinbürgerlichen Milieu ständigen Drill, Sparsamkeit und eine unfrohe Arbeitsbesessenheit erfahren. Aber im Unterschied zu Senta hatte er auf diese Vergewaltigungsversuche der kindlichen Seele entgegengesetzt reagiert. Während Senta in einem Akt der *Identifikation mit dem Aggressor* sich den Eltern beugte und deren spartanische Lebensmaximen verinnerlichte, sträubte sich der kleine Albrecht in einem Akt der *Deidentifikation* gegen die Schwarze Pädagogik seiner Eltern. Er schwor sich früh: „Wenn ich groß bin, lebe ich in Saus und Braus." Dass er dabei als Erwachsener und Ehemann das gesunde Maß der Selbstverwirklichung aus den Augen verlor, hing damit zusammen, dass er unbewusst noch einmal gegen seine – inzwischen machtlosen – Eltern rebellierte und wütete. Auch er bearbeitete wie Senta das Problem nicht. Er begriff daher auch nicht, wie ihn die geheime Dramaturgie seiner Schattenpersönlichkeit antrieb. Ich konnte Albrecht dazu motivieren, Hermann Hesse zu lesen. Hier fand Albrecht einen Bruder im Geiste. Denn der Sohn gottesfürchtiger, fleißiger und zwanghafter Pietisten zerbrach fast an der Strenge seines schwäbischen Elternhauses. In seinen frühen Tessiner Jahren rebellierte Hesse mit Alkoholexzessen und privater Unbeständigkeit gegen die Welt der „Spießer". In einer Psychoanalyse bei C. G. Jung arbeitete er nach dem Ersten Weltkrieg die Tragik seiner Kindheit durch. Als Schriftsteller befreite er sich in mehreren Dichtungen, besonders in seiner fernöstlichen Parabel *Siddhartha*, von seinen folgenreichen Traumatisierungen.

Und Senta und Albrecht? Albrecht übernahm im Folgenden etwas vom Fleiß („Pedanterie“) seiner Frau Senta, Senta verleibte sich Albrechts Fähigkeit zur Faulenzerei („Hedonismus„) ein. Es waren die kapitalen eigenen Sündenböcke, die sie fingen und schlachteten. Manchmal, im Alltag der Liebenden, sind es nur kleine Sündenböckchen. Aber auch sie haben spitze Hörner.

Machtspiele

Wenn ich ein Paar bei einem Erstgespräch nach den Problemen der Macht in ihrer Beziehung frage, ernte ich meist ungläubiges Erstaunen. Macht ist etwas Schmutziges. Macht ist Politik. Macht ist immer schlecht und daher abzulehnen. So etwa lauten die Antworten. Dabei gehört Macht zu unserem täglichen Leben. Sie kann gut oder schlecht sein. Sie sollte als solche bewusst sein, kontrolliert und gegebenenfalls ausbalanciert werden. Tatsächlich verhindert oft ein Machtungleichgewicht die Leichtigkeit des Seins in der Beziehung. Es ist schwer, meinen Partner „grad jetzt" zu lieben, wenn ich mich von ihm auf einer Machtebene unterdrückt fühle.

Besonders aufgefallen ist mir das bei Holger und Hildegard. Sie enthüllten mir das Thema von Macht und Ohnmacht, aber auch vom Wandel der Macht geradezu lehrbuchartig. Hildegard war vierzig Jahre alt, Holger fünfzig, als sie in meine Praxis kamen. Holger verdiente als Anwalt mit hochindustrieller Klientel viel. Er strotzte vor beruflichem Erfolg. Er war Mitglied des örtlichen Golfklubs und gehörte zu den Honoratioren seiner Stadt. Er führte eine große Kanzlei und hatte einen Befehlston an sich. Zweifellos verfügte er über eine hohe berufliche Kompetenz.

Holger hatte Hildegard kennen gelernt, als sie fünfundzwanzig Jahre alt war, immer noch zu Hause wohnte und als kaufmännische Angestellte in einem Betrieb arbeitete. Sie hatte wenig Selbstbewusstsein. Sie hielt sich für unattraktiv, langweilig und ungebildet. Sie überließ sich dem damals bereits erfolgreichen Topjuristen Holger mit Haut und Haaren. „Er war mein Traummann“, sagte sie. Und: „Alle meine Freundinnen beneideten mich um ihn.“ Hildegard ordnete sich ihrem Traummann bedingungslos unter. Er war ihr Beschützer und Lehrmeister und durchaus fürsorglich. Sie gebar ihm, wie gewünscht, einen männlichen Stammhalter. Holger bestimmte, dass sie zu Hause blieb und sich um den Jungen kümmerte. Das fand sie zunächst in Ordnung: Sie agierte als repräsentative Ehefrau und vorbildliche Mutter: „Ich habe Holger nie widersprochen. Er war mir ja so himmelhoch überlegen und finanzierte mich großzügig.“

Holger war also durchaus kein frauenmordender Blaubart. Aber er war ein Ordnungsfetischist und freundlicher Despot. Er entschied über Urlaubsziele, Baupläne, die Einrichtung des Hauses, den Essensplan, die Schule für den Sohn, ja sogar über Hildegards Kleider, Freizeit und Freundinnen. Alles im Haus, bis auf die letzte Schublade, musste nach seinen Vorgaben geordnet sein. Holger kontrollierte alle Geldausgaben, aber auch die Schreibtischschublade seiner Frau. Er las alle an sie gerichteten Briefe. Jeden Abend hatte Hildegard ihm minutiös über ihren Tagesablauf Bericht zu erstatten. Mit Telefonaten kontrollierte er ihren jeweiligen Aufenthaltsort.

Als der Sohn mit zehn Jahren auf das Gymnasium kam und Hildegard wieder vormittags in ihrem alten Betrieb arbeiten wollte, um nicht länger „grüne Witwe“ zu sein und intellektuell gefordert zu werden, verbot ihr das Holger – liebevoll, aber bestimmt. Nun kam sie auf den Gedanken, in einem Abendgymnasium das Abitur nachzumachen. Denn sie litt unter dem Bildungsgefälle gegenüber ihrem akademischen Mann. Auch das untersagte Holger. Hildegard erinnert sich: „‚Schatz‘, meinte er, ‚dann bist du jeden Abend weg, das wollen wir uns doch nicht zumuten.‘“ Mit dem „uns“ zog er großzügig Hildegard in seine Abwehr ein.

Hildegard wurde bescheidener. Jetzt bat sie nur noch um Erlaubnis, einen Französischkurs an der Volkshochschule besuchen zu dürfen.

Auch das „erlaubte" ihr Holger nicht. „‚Wofür brauchst du das denn, mein Schatz', meinte er, ‚das ist doch Unfug. Ich kann doch im Urlaub für dich übersetzen.'" So langsam versauerte Hildegard an Holgers Seite. Die komfortable Villa wurde ihr zum goldenen Käfig. Ihr Leben erstarrte in Langeweile.

Dass Holger bereit war, mit ihr zusammen zu einem „Seelenklempner", wie er sagte, zu gehen, hatte einen besonderen Grund: Hildegard hatte eine veritable Ehekrise ausgelöst. Sie zog sich über Nacht einen Liebhaber an Land. Schlimmer noch: Die Frau von vierzig Jahren wurde „bockig". Hildegard war nicht bereit, ohne weiteres auf ihre Außenbeziehung zu verzichten. „Zum ersten Mal habe ich einen Mann gefunden, der mich respektiert und verehrt. Du hältst mich ja immer noch für ein Dummchen. Im Bett denkst du immer nur an dich. Du weißt alles besser und führst dich auf wie ein Kapitän auf dem Schiff."

Holger tobte. Er strich Hildegard das Geld. Er gab ihr Ausgangsverbot. Er kontrollierte wie ein Detektiv die Handyrechnungen. Aber das half ihm alles nichts. Hildegard blieb bei ihrer Liebe. Ja, erstmals in ihrem Leben bot sie Holger ruhig und unbeirrt die Scheidung an. Das Finanzielle werde sie über einen Anwalt mit ihm regeln lassen, meinte sie. Holger war rasend vor Eifersucht. Er wollte Hildegard um jeden Preis halten. Er fürchtete die gesellschaftliche Blamage einer Scheidung. Erstmalig erlebte er in Hildegard, die er immer „Mäuschen" genannt hatte, eine Löwin. Erstmals stand Macht gegen Macht.

An dieser schweren Beziehungskrise kann man mehrere Facetten einseitiger Machtausübung und Unebenbürtigkeit studieren. Die erste Macht bestand bereits in Holgers größerer Lebenserfahrung und höherem Lebensalter. Hildegard hatte, wie ihr in der Paartherapie bewusst wurde, Holger als eine Vaterfigur geheiratet. So eine Vaterübertragung muss nicht schlecht sein, aber sie verlangt nach Bewusstheit und gegebenenfalls späterer Korrektur. Denn wenn sich Hildegard, das Kind einer geschiedenen Ehe, einen Vater-Mann aussuchte, so machte sie sich damit selbst zwangsläufig zur „Tochter“ in dieser Beziehung und damit zur strukturell Unterlegenen. Hiermit ist der Konflikt vorprogrammiert. Denn jede Tochter wird einmal zur erwachsenen Frau und verlässt die väterliche Machtsphäre.

Weiter übte Holger – daraus ist ihm zunächst kein Vorwurf zu machen – über seinen erfolgreichen akademischen Beruf Macht über die „kleine“ kaufmännische Angestellte und spätere „Nur-Hausfrau“ Hildegard aus. Macht praktizierte er auch mit seiner hohen sozialen Kompetenz und gesellschaftlichen Anerkennung. Dem konnte Hildegard nichts entgegensetzen. Höhepunkt von Holgers Macht bildet das Geld. Er verdiente er. Er verteilte es. Er gewährte Huld aus seiner Schatulle. Er entzog das Geld, wenn Hildegard „unbotmäßig“ wurde. Macht bedeuteten auch Holgers vielfältige Beziehungen zu Geschäftspartnern, alteingesessenen Honoratioren und örtlichen Kommunalpolitikern. Hildegard agierte immer nur als die *Frau von.*

Holgers Macht gipfelte schließlich in der Ideologie seines Beziehungsmodells. Er bestimmte, aus seiner Deutungsmacht heraus, was Ehe sei und welches darin die Rolle der Frau wäre. Er proklamierte, dass sich die Aufgabe einer Ehefrau und Mutter weder mit einer Berufstätigkeit noch mit einer Ausbildung oder einem nachgeholten Schulabschluss vertrage. Solange Hildegard diese reaktionären familienideologischen Prämissen akzeptierte, war sie verloren.

Natürlich verfügte auch Hildegard über Machtressourcen, selbst wenn sie diese Machtquellen wenig benutzte. Bisweilen wehrte sie sich mit dem klassischen weiblichen Machtpotenzial: indem sie Holger die Sexualität verweigerte oder sie nur sehr zögerlich gewährte. Hildegard: „Im Laufe der Jahre merkte ich, dass ich ihn damit am Wickel hatte. Geldmäßig, beruflich oder intellektuell konnte ich nicht mit ihm konkurrieren, wohl aber auf der Gefühlsebene. Da war er völlig hilflos. Wenn ich nicht mit ihm schlief, wütete er zuerst, dann verlegte er sich aufs Betteln. Er wurde ganz klein. Genau so konnte ich ihn treffen, wenn ich ihm Informationen über unser Kind vorenthielt oder mit dem Jungen eine Mutter-Sohn-Koalition einging. Holger, der sonst so wortmächtig, gerissen und gelegentlich auch körperlich gewalttätig war – er ohrfeigte mich einmal mächtig, als ich bei einer Hochzeit länger mit einem jüngeren Mann tanzte –, wurde in dem Moment unsicher, in dem ich ihm die Macht meiner Weiblichkeit entgegensetzte."

Den entscheidenden Konterschlag der Macht versetzte Hildegard Holger, indem sie sich einem anderen Mann zuwandte. Das tat sie unbewusst, keineswegs aus Berechnung. Aber sie entdeckte damit die Achillesferse Holgers und damit ihre eigene eminente Macht. Wer bereit ist, eine unwürdige Beziehung zu verlassen, sich nicht finanziell erpressen zu lassen und ein eigenes neues Leben zu wagen, der hat die Ketten abgestreift. Er wird ebenbürtig. Das war die große Stunde im Leben Hildegards. In diesem Augenblick war sie nicht mehr die Leidende, sondern die Kämpfende, nicht mehr die Unterdrückte, sondern die Souveräne. Hildegard war geplättet von dieser Entdeckung. Zum ersten Mal in ihrem Leben definierte sie sich selbst. Zum ersten Mal erkannte sie auch, wie klug und wie schön sie war. Hildegard wurde, in der Sprache des Duells zu reden, „*satisfaktionsfähig*".

Das erinnert mich an eine Übung, die ich gerne mit Paaren bei Machtungleichgewicht mache: Ich drückte dem Mann und der eingeschüchterten Frau (oder der dominanten Frau und dem ängstlichen Mann) je ein Holzschwert in die Hand und lasse sie miteinander kämpfen. Meist erlebe ich etwas Erstaunliches: Der bislang schwächere Partner greift wuchtig an, verteidigt sich kraftvoll, lacht und ist erfüllt von einer erotischen Spannung. Er spürt die Lust der konstruktiven Aggression. Er fühlt seine eigene Kraft. Er verlässt die Jammerrolle, das Märtyrergehabe und seine verdammte Co-Abhängigkeit. Der Begriff *Co-Abhängigkeit* stammt aus der Suchttherapie. Er bedeutet, dass mein Leben nur noch trabantenmäßig um den Partner kreist, dass ich mich völlig von ihm abhängig mache.

Am Ende eines Schwertkampfes stehen sich die Kontrahenten in meiner Praxis schwer atmend, aber lustvoll gegenüber. Eine Frau sagte bei dieser Gelegenheit: „Jetzt erinnere ich mich – als kleines Mädchen habe ich wahnsinnig gerne mit anderen Jungen gerauft. Oft war ich stärker als sie. Das habe ich riesig genossen. So schwach bin ich doch gar nicht."

Zum Machtmissbrauch gehören, wie bei Holger und Hildegard, immer zwei: Einer, der die Macht missbraucht, und einer, der es sich gefallen lässt. Mit anderen Worten: Das so genannte arme Opfer ist immer auch ein Stück Täter, oder sagen wir genauer: Mittäter. Die Zeiten sind vorbei, dass das Bürgerliche Gesetzbuch (bis 1953) vorschrieb: „Das Vermögen der Frau wird durch Eheschließung der Verwaltung ihres Mannes unterworfen." Heute gilt, auch und gerade in finanziellen Angelegenheiten, die Gleichberechtigung von Mann und Frau. Und doch geht es in der Mehrheit aller schweren Beziehungskrisen um die leidige Machtfrage des Geldes!

Da geht es dann darum, möglichst konkrete, schriftlich fixierte Paar-Vereinbarungen auszuhandeln: Haben wir beide das gleiche Taschengeld? Teilen wir die Einkünfte gerecht auf? Haben wir ein gemeinsames Konto? Haben wir paritätische Finanzregelungen für den Fall der Trennung getroffen? Ist das Haus grundbuchamtlich auf uns beide eingetragen? Wer bezahlt das Auto, das Benzin, die Versicherung, das Essen, die Wohnung, den Strom, die Bekleidung, Möbel, Luxusgegenstände und Urlaub?

Apropos Urlaub – er ist ein Machtfaktor erster Güte. Hierüber entscheidet oft einseitig ein Partner, häufig der Mann. Das war auch bei Holger und Hildegard der Fall. Hildegard wollte gern am Strand liegen, lange schwimmen, viel lesen und mit dem Sohn spielen. Sie war ein Sonnenfan. Holger, eine Schattenmorchel und ein unruhiger Aktivist, jedem Buch und jeder Besinnlichkeit abhold, favorisierte Bergtouren. Jeden Tag eine. Sportliche Herausforderungen, Grenzerlebnisse, mit dem Pickel über Gletscher. Holger setzte sich, mit wenigen Ausnahmen, durch. Also kletterten Hildegard und ihr Sohn wie die Gämsen durchs Hochgebirge.

Im Urlaub ereignen sich die klassischen Krisen der Paare. Bei gut 80 Prozent aller Paare fliegen einer Umfrage zufolge im Urlaub die Fetzen. Sogar jede dritte Scheidung werde nach gemeinsamen Ferien eingereicht, schreibt die „freundin“ unter Berufung auf eine Umfrage des Gewis-Instituts. Unterschiedliche Interessen in puncto Freizeitgestaltung geben am häufigsten Anlass für Streit – 58 Prozent der Befragten nannten diesen Punkt. 51 Prozent sagten, sie stritten sich über den Umfang des Gepäcks, 42 Prozent über unnötige Ausgaben. Ständiges Gemecker, zum Beispiel wegen eines schlechten Services, geht 26 Prozent aller 1064 befragten Männer und Frauen im Alter zwischen 20 und 35 Jahren auf die Nerven. 14 Prozent der Paare bekommen sich wegen eines Urlaubsflirts des Partners in die Haare.

Es gibt fast nichts, was in der Beziehung nicht zur Machtfrage gemacht werden kann. Beispielsweise das Fernsehen. Holger bestimmte selbstverständlich die Programmwahl. Hildegard – wiederum als Mittäterin – saß jede Sportschau und jedes Fußballländerspiel vor dem Fernseher ab, obwohl sie nach fünfzehn Ehejahren immer noch nicht begriffen hatte, was eine „Abseitsfalle“ ist.

Umgekehrt machen Frauen gerne den Küchen- und Haushaltsbereich sowie die Kindererziehung zum Terrain absolutistischer Machtausübung. Wehe dem Mann, der sich zwecks eigener Kochgelüste in die Küche seiner Domina verirrt oder der verwöhnten Göre von Tochter pädagogische Grenzen zu setzen wagt! Dass Frauen mit der Macht der Sexualitätsverweigerung Männer bis knapp vor den Gehirnschlag treiben, gehört zu den weiblichen Folterinstrumenten der Macht.

Frauen und Männer operieren in der Machtfrage wie gegnerische Kriegsplaner. Sie analysieren die Schwäche des anderen. Sie stoßen zu. Sie rächen sich für jede Niederlage. Weil der Frau die Quellen der Macht von Geld und beruflicher Kompetenz verschlossen sind, verweigert sie ihm die sprudelnden Gottesgaben von Sex und Zugang zu den Kindern. Weil sie ihm Anerkennung und Bewunderung verweigert, bestraft er sie mit machtvollem Schweigen. Der Machtmissbrauch des Mannes lässt Frauen, bewusst oder unbewusst, in psychosomatische Krankheiten flüchten. Die Krankheit wiederum erweist sich als machtvolle Manipulation.

Die Liste des Machtmissbrauchs ließe sich ins Unendliche fortsetzen. Wir alle neigen in der Beziehung zu Machtmissbrauch. Nichts ist schwerer, als die Geschlechterdemokratie zu verwirklichen. Holger und Hildegard haben es unter dem schweren Druck ihrer Ehekrise geschafft. Hildegard ist erwachsen geworden. Holger hat Macht abgegeben. Die Außenbeziehung ist nicht mehr „notwendig“. Holger und Hildegard gehen einen neuen Weg.

Zoff

In seinem Buch *Aggression unter Liebenden* spricht der Schweizer Psychotherapeut Peter Schellenbaum ironisch von dem chronisch „glücklichen Paar“. Es ist in Wahrheit eine Art GmbH ohne innere Auseinandersetzung, Spannung und wechselseitiger Individualität. Es ist von einer zuckersüßlichen Lieblichkeit wie Dr. Oetkers Götterspeise. Peter Schellenbaum registriert: „Die Tragik des ‚glücklichen Paares‘ besteht darin, dass dem Teufel, diesem ‚Neinsager von Anbeginn‘, kein Wohnrecht und kein Platz am Herd zugebilligt wird. Daher ist nirgends der Teufel teuflischer als im glücklichen Paar. Wenn Streit, Kritik, Aggression als unpassend aus dem Leben eines Paares verbannt werden, wachsen die negativen Gefühle heimlich in jedem Partner an. Erst ihre Verheimlichung macht sie richtig böse und destruktiv.“

Das „glückliche Paar“ kennt kein schöpferisches Nein. Sein Glaubensbekenntnis lautet: „Wir streiten nie.“ Wie kann das angehen, fragt man sich? Wie geht so ein „glückliches Paar“ mit seinem jeweiligen *Schatten* um? Nach C. G. Jung hat jeder Mensch neben seinem lichten Wesen auch eine Schattenpersönlichkeit. In ihr liegt alles, was er an sich selbst nicht mag, was er wegstilisiert und unter idealistischen Projektionen vergräbt. Wer sieht sich denn schon gerne auch als aggressiv, brennend ehrgeizig, bösartig, eifersüchtig, egoistisch, konfus, langweilig, lüstern, rücksichtslos, ruppig und unzuverlässig? Und doch gibt es diese Dunkelheiten in uns. Keiner kennt meine Schattenpersönlichkeit besser als mein Partner. Auch Eltern und Geschwister können ein Lied davon singen. Aber ich streite den Schatten ab. Ist es dann verwunderlich, dass der Partner mich „grad jetzt“ nicht zu lieben vermag?

Gabriele hatte so eine Schattenseite. Sie war geizig. Sie sparte an sich. Sie sparte an Friedrich. Sie sparte an den Kindern. Im Haushalt gab es keinen Hauch von Luxus. Auch das Essen war freudlos frugal. Die drei Kinder, unter und über 10 Jahre alt, bettelten erfolglos im Sommer, dass die Mutter ihnen ein Eis machte. Gabriele trug schlabbrige Klamotten auf. Den unvermeidlichen Jahresurlaub organisierte sie in Billigquartieren.

Friedrich hielt lange still. Er schluckte seinen Ärger hinunter. Von seinem privaten Taschengeld erlaubte er sich den einen oder anderen verstohlenen Luxus. Das tarnte er Gabriele gegenüber ängstlich. Da ich Friedrich mochte, konnte ich ihn in einer Männergruppe ohne Umschweife nach dem familiären Armutsprogramm fragen. Denn das Verblüffende war für mich, dass Friedrich nicht nur gut verdiente, sondern der Sohn eines wohlhabenden Elternhauses war. Als ich ihn kennen lernte, schaute er sich bereits nach einem Zweithaus als Kapitalanlage um. In der Männergruppe freute er sich auf den abendlichen Umtrunk. Er war genussfreudig und saß nicht auf seiner Brieftasche. Ich fragte Friedrich: „Warum machst du dieses Sparregiment mit? Was steckt bei Gabriele dahinter? Kommst du dir nicht wie ein Waschlappen vor?“

Friedrich gab mir an dieser Stelle ausweichende Antworten. Aber ich spürte, meine Fragen hatten ihn getroffen. Sie rumorten in ihm. Ein Jahr später kam Friedrich, wie das manche Männer gerne tun, zu einem zweiten Männerseminar zu mir, um sich seine Entwicklung und Fortschritte anzuschauen. Er wirkte verändert auf mich. Im Gegensatz zu seiner früheren Lebenshemmung und „verstohlenen“ Genusshaftigkeit war er jetzt pure, sprühende Lebenslust. Ob Gabriele immer noch ein „Hungerregime“ führe, wollte ich von ihm wissen.

Friedrich: „Nein. Sie ist die Großzügigkeit in Person.“

Ich: „Was ist passiert?“

Friedrich: „Als Gabriele wieder einen ‚Sparurlaub‘ in einer Billigpension in Ostbayern organisiert hatte, machte ich die Bestellung rückgängig. Für unsere fünfköpfige Familie bestellte ich Flug und Bungalow auf La Palma. Innerlich hatte ich wahnsinnige Manschetten. Ich zitterte. Was würde ich Gabriele am Abend sagen?“

Wie ein tapferer Ritter betrat Friedrich an jenem Abend das Haus. Er wartete, bis die Kinder im Bett waren. Dann bat er Gabriele zu einer „Besprechung“ in sein Arbeitszimmer. Jetzt war Gabriele irritiert. Sie fürchtete irgendeine schreckliche Eröffnung. Später sagte sie zu Friedrich: „Ich habe geglaubt, du hättest eine andere Frau gefunden und wolltest mit mir Schluss machen.“

So tief sitzen oft unsere geheimen Ängste. Sie kommen jahrelang nicht ans Tageslicht. Bis die Konfrontation die Wahrheit enthüllt. Dann erfährt das Paar mehr von sich als in all den Jahren seiner Harmoniesucht.

Friedrich sagte Gabriele in der Besprechung ernsthaft und ruhig, dass er so armselig mit ihr nicht länger leben wolle. Er habe das trostlose Urlaubsangebot eigenhändig storniert, Flug und Logis auf La Palma aufgetan. Am Wochenende werde er mit dem Kindern zum Einkaufen gehen, um sie für diesen Urlaub neu einzukleiden. Falls sie mit all dem nicht einverstanden wäre, sei das Ende der Ehe erreicht.

Zum ersten Mal seit Monaten schaute Gabriele wieder einmal an ihrem Mann hoch. Ihr blieb die Spucke weg. Sie spürte seine Entschlossenheit. Sie fühlte, dass er Recht hatte. Sie brach in Tränen aus. Ihr kam ihr ganzes Elend hoch. Gabriele kam aus einem kleinen Beamtenhaushalt. Die Mutter sparte vor allen an den Kindern. Die Eltern waren vom Verarmungswahn besessen. Ihre Panik hatte Gabriele unbewusst übernommen. Sie mochte an das berufliche Glück und die unternehmerischen Fähigkeiten ihres Mannes – der international erfolgreich mit Rohstoffen makelte – nicht glauben. Deshalb hatte Gabriele, wie sie enthüllte, jeden verfügbaren Euro heimlich vom Haushaltsgeld zurückgelegt, „um uns für schlechte Tage zu versorgen".

Gabriele und Friedrich weinten. Beide waren erschüttert über den Abgrund von Unverständnis zwischen ihnen. Dann kam ihnen aber auch die Wut. Gabriele zeigte sich erbittert, dass Friedrich ihre Existenzängste überhaupt nicht ernst genommen hatte. Friedrich wiederum war erbittert, dass Gabriele ihm nicht vertraut hatte, sondern Gelddepots vom Haushaltsgeld abzweigte. Der Streit war lösend. Er dauerte bis Mitternacht. Dann hatten sich beide ausgesprochen. Sie waren in der Lage, die Beziehung neu einzuregulieren und, was die Finanzen anging, einen neuen Beziehungsvertrag miteinander abzuschließen.

Für Gabriele war es wichtig, von nun an regelmäßig Einblick in Friedrichs Finanztransaktionen, Aktien und Rentenpapiere zu nehmen. Jetzt konnten sie sich auch unbefangen wieder ihre Liebe erklären. Sie hatten ihre geheimen Vorbehalte beseitigt. Ein spannender durchaus folgerichtiger Effekt ergab sich am Rande: Gabriele und Friedrich bekamen wieder sexuelle Lust aufeinander. Sie stritten mehr. Sie klärten die Streitpunkte. Sie erlebten sich dabei als ebenbürtig und kraftvoll. Friedrich registrierte: „Gabriele hat nicht mehr diesen Leidenszug. Sie ist keine ‚mater dolorosa' mehr. Sie ist wieder das freche Gör, das ich am Anfang so an ihr geliebt habe."

Jede Liebesbeziehung kennt auch böse Gefühle. Beziehung heißt, aufeinander stoßen, sich kennen lernen, sich verletzen, in Versuch und Irrtum eine neue Paarsynthese zu schaffen. Das ist ein jahrelanger, psychodynamischer Prozess der Widersprüchlichkeiten, des Guten und des Bösen, des Konstruktiven und des Destruktiven, des Identifizierens, aber auch des Deidentifizierens: „Ich bin nicht so wie du und will es auch nicht sein!" Wer dem Partner nie das eigene Nein entgegen setzt, der scheut die Ich-Werdung wie der Teufel das Weihwasser. Er bleibt brav, aber schwammig wie eine Qualle. Bei Friedrich erlebte ich die wundervolle Metamorphose vom „braven Schwiegersohn" zum starken Mann.

Zoff und Zärtlichkeit sind eine untrennbare Einheit. Nur wer zoffen kann, kann sich auch wieder versöhnen und auf den anderen, der ein bisschen fremd geworden ist, mit neuer Entdeckungslust zugehen. Wenn ich zornig werde, dann mache ich mich für mich selber wahrnehmbar: „Bis hierher und nicht weiter!" Ich zeige mich gleichzeitig auch dem anderen in meiner Abgrenzung und eigenwilligen Persönlichkeit. Ich setze gleichsam Grenzblöcke im Beziehungsterrain. Das erste Zeichen dafür, dass in einer Beziehung die Abgrenzung fehlt, ist die Beobachtung, dass beide Partner jede nur denkbare Zeit miteinander verbringen. Sie fahren nie getrennt in den Urlaub. Sie besitzen keine getrennten Freunde und Hobbys. „Wir reichen uns", kommentieren solche Paare ihr selbst gewähltes Zweierexil. Wo ein Paar keine Aggressivität, Neugier, Fremdheit und Stimulierung durch Außenimpulse lebt, verliert es meist auch seine wilde Sexualität.

Haben wir nicht auch als Geschwister und Freunde in der Kinderzeit geschrien und gestritten wie die Raben? Haben wir nicht durch „Zoff" unsere Standpunkte geklärt? Waren wir nicht Minuten später wieder versöhnt und haben die Friedenspfeife geraucht? War Streiten nicht unser Lebenselixier? „Was unterscheidet Geschwister von wilden Indianerstämmen?", fragt Kurt Tucholsky. Er antwortet: „Wilde Indianer sind entweder auf Kriegspfad oder rauchen Friedenspfeife – Geschwister können gleichzeitig beides."

Streiten und Friedenspfeife rauchen, das ist es. Wir alle müssen es, wie Friedrich und Gabriele, lernen. Wir brauchen uns nicht für unsere Wut zu entschuldigen. Die Wut ist ein elementares Gefühl wie Liebe oder Trauer. Natürlich ist unsere Wut berechtigt. Selbstverständlich musst du mir deine Wut zeigen. Die Wut ist ein Seismograph unserer Beziehung. Sie sagt: „Da stimmt etwas nicht. Da muss Änderung eintreten." Wut ist Botschaft, Signal und Warnung.

Sehr oft signalisieren Aggression und Zoff, wenn wir sie denn endlich in der Beziehung herauslassen, anstehende Veränderung. Kehren wir noch einmal zum „Froschkönig“ und seiner zickigen Prinzessin zurück. Sie jammert und weint. Er erpresst und bedrängt. Zufrieden sind sie beide nicht. Nichts ist gelöst. Sie meint, ohne einen Mann das Leben nicht schaffen zu können. Die Prinzessin-Frau setzt auf Versorgungsansprüche. Den unselbstständigen Frosch-Mann bedrängt nichts stärker als der Gedanke, noch einmal in seinem Leben in den Brunnen der Depression zurückzumüssen. Immerhin ist er von einer bösen Hexe, wahrscheinlich seiner klammernden Mutter, verwünscht worden. Lieber lässt sich der Frosch-Mann von morgens bis abends demütigen, als seine Beziehungsbeute loszulassen. So können die beiden ein Leben lang voreinander hin versumpfen. Wenn sie nicht gestorben sind, dann piesacken sie sich noch heute. Selbstverständlich können beide niemals und unter keinen Umständen „grad jetzt“ sich einmal fröhlich die Liebe bekennen. Sie haben ja, wie bei Hempels, zu viel unter den Teppich gekehrt.

Im Märchen nimmt das Beziehungselend zwischen der narzisstischen Prinzessin-Frau und dem depressiven Frosch-Mann eine überraschend dynamische Wende. Die Prinzessin schmeißt ihren Tränenkloß, wie wir uns erinnern, energisch an die Wand. Das ist nicht ganz ungefährlich. Nicht jeder Mann, liebe Leserin, den du an die Wand wirfst, kommt als Prinz herunter. Aber dieser da tut es.

Warum? Weil ihn die Prinzessin-Frau nicht mit körperlicher Gewalt angeht, sondern ihn endlich auf einer Erwachsenenebene fordert. Sie wird ihm etwa sagen: „Entweder hörst du mit deiner Eifersucht und deiner Kontrolle und deinen Kindereien auf, suchst dir endlich einen Freund, findest Spaß an deinem Beruf und wirst ein richtiger Mann, oder ich verlasse dich. Ich habe mich schon erkundigt, was mir an Unterhalt für die Kinder zustehen würde. Eine Wohnung habe ich auch schon im Auge.“

Die Prinzessin ist in diesem Augenblick keine Prinzessin mehr, sondern eine kämpferische erwachsene Frau. Sie spürt jetzt, dass sie ihr Leben auch ohne einen Mann bestehen könnte. Wie lautet der kesse feministische Spruch: „Eine Frau ohne Mann ist wie ein Fisch ohne Fahrrad."

Unser Frosch-Mann ist nicht länger ein depressiver Hansel und Waschlappen. Er absolviert jetzt die größte Liebesgeschichte seines Lebens – die mit sich selbst. Er hat es nicht länger mehr nötig, eine Frau zu erpressen und ihr auf kurzen Stummelbeinchen nachzulaufen. Er erkennt die Lust, ein unternehmungsfroher Mann zu sein und die Welt zu erobern. Die Partnerin hat ihm die „Kunst des Streitens" beigebracht.

Statt weiterhin seine Wut in die depressive Autoaggression abzulenken („Es geschieht meiner Mutter recht, dass ich mir die Finger abfriere – hätte sie mir Handschuhe gekauft"), ficht der Froschkönig von nun an wie in einem Duell kraftvoll zurück. Er ist satisfaktionsfähig geworden. Er ist kein Jammerlappen mehr. Plötzlich verfügen beide über hohe sexuelle Energien. Denn sie haben die geistigen Kinderschuhe ausgezogen. Jetzt kriegt der Mann auch, wie sich das gehört, ein Königreich: König und Königin werden am Ende des Märchens nur die Frauen und Männer, die souverän über sich selbst geworden sind. „Königlich" werden wir in dem Moment, in dem wir Zoff und Zärtlichkeit in unser Repertoire nehmen und vor keiner Auseinandersetzung mehr zurückschrecken.

Nichts ist schlimmer für die Beziehung als das Verschweigen der Gefühle, auch der „bösen". Selbstverständlich sind wir auf den anderen auch neidisch, sauer oder nachtragend. Solange wir das nicht aussprechen und das Gefühl der Wut und Benachteiligung nicht zulassen, können wir „grad jetzt" nicht unsere Liebe geben. Wichtig ist Klarheit. Man kann es auch so machen wie der Weltstar Jennifer Lopez. In einem neuartigen Ehevertrag musste sich ihr Bräutigam Ben Affleck zu folgender Streitregelung verpflichten: Sollte sich Ben außerehelich vergnügen, sind fünf Millionen Dollar Strafe fällig. Schreit er seine kostbare Braut an, muss er immerhin noch 10 000 Dollar berappen.

In der Paarberatung bin ich immer wieder erschüttert, welche Abgründe von verborgener, nie gelebter Wut, aber auch alltäglicher Kränkungen sich auftun, wenn Frau und Mann endlich einmal die Konflikte offen angehen. Da ärgert sich eine Frau monatelang darüber, dass der Mann nach dem Frühstück das Geschirr nicht abräumt oder am Abend den Wagen schlampig parkt, dass er grundsätzlich nie den Sprudel für sie nachkauft, sondern nur an sein Bier denkt. Da ist der Mann insgeheim ergrimmt, weil die Frau seinen Lieblingswunsch boykottiert, einen flotten Wagen zu kaufen. Oder er ist enttäuscht, dass sie seit Wochen sein sorgfältig erarbeitetes Referat, das er im Vorstand vorgetragen hat, einfach nicht liest. Genau das sind die kleinen, verletzenden Störquellen. Nicht ausgesprochen, senken sie die Beziehungstemperatur des Paares ins Minus.

Zoff bedeutet auch, am „Nein in der Liebe“, wie Peter Schellenbaum es nennt, festzuhalten. Natürlich ist die Liebe zunächst ein großes, magisches Ja. Doch wenn Liebende nicht Nein zu sagen vermögen, dann gefährden sie ihre Beziehung. Sie tragen verborgenen Groll wie eine Eiterbeule mit sich herum, die nicht abfließen darf. Sie verbiegen sich. Sie wagen ihr eigenes Leben nicht mehr. Sie begeben sich in die lebenslängliche Dauerhaft ihres selbst errichteten Beziehungskerkers. Das Nein in der Liebe ist das Eingeständnis der Individualität.

Sich lieben heißt immer auch, einander misszuverstehen – wie Friedrich und Gabriele. Deswegen sind wir gehalten, ständig miteinander zu sprechen und die Missverständnisse aufzuklären. Das ist ein dauernder Prozess. In diesem Prozess werden wir uns selbst klar. Wir erklären uns selbst. Wir werden uns immer einander eine Prise fremd bleiben. Das bürgt für unsere Kreativität. Wir sehen und organisieren die Welt unterschiedlich. Für den einen ist das Glas des Lebens halb voll, für den anderen halb leer. Wir leiden und freuen uns oft an unterschiedlichen Dingen. Liebe ist eine Suchbewegung. Liebe ist ein Unterwegs. Der Weg ist das Ziel.

Jeder von uns könnte auch allein oder mit einem anderen Partner leben. Gerade im konstruktiven Streit wächst und erhält sich unsere Partnerschaft. Der Streit stellt uns beide vor unabweisbare Fragen: Warum hat das Leben mir dich als Partner beschert? Was ist der Sinn unserer Partnerschaft? Was ist das Geheimnis unserer Partnerwahl? Wovon muss ich mich abgrenzen? Wovon musst du dich abgrenzen? Was liebst du aus mir heraus? Was liebe ich aus dir heraus? Welche eigenen Defizite werden mir durch den Kontrast deiner Persönlichkeit deutlich? Wo verweise ich dich auf deine Mängel? Was kannst du von mir lernen? Was kann ich von dir lernen? Von welcher Lebenskonstellation her haben wir uns begehrt und „erlöst"? Gelten diese „Geschäftsgrundlagen" noch? Muss unser Beziehungsvertrag neu geschrieben werden?

Was passiert, wenn ein Paar dem Zoff ausweicht und auf Teufel komm raus die falsche Harmonie sucht, das lässt Doris Dörrie in *Happy* die Emilia ihrem Felix sagen: „Ja, wir liegen zusammen im Bett rum und sehen die Sendung mit der Maus und trinken Kaffee und lesen Zeitung, und gleichzeitig nagt ein schrecklicher Wurm an uns, ein ganzer Termitenschwarm frisst uns das hübsche Zwergenhäuschen weg: Weil alles nur noch die hundertste Wiederholung von etwas ist, das mal wild und schön und romantisch war, aber es jetzt einfach nicht mehr ist, und keiner von uns will es sagen, dabei steht es in riesigen Neonbuchstaben über unseren Köpfen: Wir haben Mundgeruch, und wir riechen ihn gegenseitig!"

Dann kommt die schreckliche Gewöhnung, der Todfeind der moussierenden Liebe. Emilia: „Eigentlich möchten wir schon lange raus aus diesem Fuchsbau, aber wir wissen nicht wie, wir wissen nicht wohin, weil wir gar nicht mehr wissen, wer wir allein sind und was man sonst noch so allein machen könnte. Wir kämen uns blöd und unpassend vor, wenn wir jetzt plötzlich in ein Museum gingen, allein, oder allein ins Café Venezia, obwohl wir doch so gut wie verheiratet sind. Das tut man doch nur, wenn man Zoff hat, dann geht man vor Wut einen Kaffee trinken. Wir öden uns an und trauen uns jahrelang nicht, das zuzugeben."

Felix versucht das klebrige „forever together“ der Liebe zu retten: „Aber das ist doch gerade das Schöne, dass man sich so nahe ist und dass einem nichts mehr fremd ist am anderen.“
Emilia kontert realistisch: „Das ist Bullshit. Das ist nichts als Angst. Dieses Kleinkindverhalten, in das man verfällt. Mein Putzilein, Diffidaffi, du du du, da da da . . . Mausilein, Dickerchen, mein kleiner Schnutz, . . . da ist der Untergang. Wie will man da noch vögeln? Du du di di du? Das hat uns umgebracht, die Sendung mit der Maus hat uns umgebracht.“

Felix besteht auf der totalen erotischen Landnahme: „Ich wollte dich erforschen wie eine Landkarte. Jeden Leberfleck ganz genau kennen lernen, wie ein fremdes Land . . .“
Emilia präzisiert: „Mich besetzen.“
Felix: „Ja, vielleicht. Ich wollte, dass du mir gehörst, aber viel wichtiger noch war, dass ich zu dir gehört habe . . .“
Emilia bringt die Klebrigkeit dieser Liebe auf den Begriff: „Wir haben uns erobert und besetzt und ausgebeutet . . .“
Felix: „Aber die Unabhängigkeitsbewegung haben wir dann nicht ausgehalten . . .“
Emilia: „Nein. Wir hätten uns sonst verändern müssen.“

Am Ende von Streit und Schmerz erkennen beide das Wesen der Liebe, das auf Differenz und Fremdheit beruht.
Felix: „Ich sehe dich zum ersten Mal seit langer Zeit wieder so, wie du vielleicht bist.“
Emilia: „Wer bin ich?“
Felix: „Ein Geheimnis. Ein Versprechen.“

Museum der Verletzungen

Wenn Partner im Alltag nicht mehr zueinander finden und sich die lebensnotwendigen Formen einfacher Zuwendung verweigern – Berührungen, Küsse, Koseworte –, dann beruht dies oft darauf, dass sie Groll gegeneinander hegen. Verletzungen in der Vergangenheit wurden nicht aufgearbeitet. Man kann sich nicht versöhnen. Die Partner verfügen über keine Rituale des gegenseitigen Verzeihens und der Wiedergutmachung. So schwären selbst kleine Wunden und Kleinstverletzungen vor sich hin. Sie verhindern Berührung und Wiederannäherung.

Henning und Laura waren so ein Paar. Was mir zuerst auffiel, als sie meine Praxis betraten, war das Übergewicht der etwa 37-jährigen Laura. An und für sich besaß sie ein fein geschnittenes, schneeweißes Gesicht mit fast mandelförmigen Augen. Das braune Haar fiel ihr anmutig auf die Schulter. Laura war untersetzt und wog um die neunzig Kilo. Ihren Gesichtsausdruck würde ich als „enttäuscht“ charakterisieren. Henning dagegen war zwar auch untersetzt, aber eher zierlich wie ein Tänzer. Im Unterschied zu ihr ernährte er sich vollwertig, mit viel Salaten und Gemüsen. Er trieb Sport. Er hatte flinke Augen. Er fand schnell Kontakt mit mir. Er schien mir in seiner Ausstrahlung auf Frauen als ein echter *womanizer.*

Was war passiert? Sie konnten nicht mehr richtig miteinander. Irgendetwas stimmte nicht. Die Sexualität hätte besser sein können. Irgendwie brachten sie sich und die beiden sechs- und vierjährigen Töchter so über die Runden. Undeutlich war beiden bewusst, dass sie irgendetwas für ihre Ehe tun mussten. Aber was?

Bei der Anamnese stellte sich eine eheliche Verletzung heraus, die, medizinisch gesprochen, weder von beiden je sauber diagnostiziert noch sachgemäß therapiert worden war. Nach der Geburt der zweiten Tochter war Laura, zu ihrem Entsetzen, in eine postnatale Depression (PND) verfallen. Wie ich später in einer Einzelsitzung mit ihr herausfand, war dies so erstaunlich nicht. Es handelte sich wohl um eine *reaktive Depression*. Denn Laura hatte sich in der schnellen Abfolge der beiden Geburten einfach übernommen, um so mehr, als das Paar zwischen dem ersten und dem zweiten Kind in einem Blitzfeldzug ein Haus gekauft, total umgebaut und drei Tage(!) vor der Entbindung in halb fertigem Zustand bezogen hatte. Das war eine Rosskur. Von ihrer Familiengeschichte her war Laura ohnehin eine Frau, die stets tat, was man ihr sagte. Immer hatte sie „funktioniert". Jetzt versank sie also in einen Ozean der Tränen und der Erschöpfung.

Henning, das muss man auch ihm als mildernde Umstände anrechnen, flüchtete nach Männerart in Arbeit und Organisation. Er besorgte eine Tagesmutter, er erhöhte die Stundenzahl der Putzfrau auf das Doppelte, er brachte die ältere Tochter für einige Wochen bei seiner Schwester unter, er zog die noch fehlenden Parkettböden im Haus ein und er machte bei den Handwerkern Hochdruck, damit die Umbauten fertig würden. Bei Laura erlebte Henning nur Tränen.

Das machte ihn verrückt. Neben seinem anstrengenden Beruf wandte er sich, als die Handwerksarbeiten zum Abschluss kamen, zunehmend seiner geliebten Leichtathletik zu. Dort stieß er, beim Joggen und Marathonlaufen, auf seine alte Sportkameradin und Mitschülerin Karen, die gerade wieder solo war. Sie trafen sich häufiger. Sie tranken ein Wasser miteinander nach dem Sport und gingen einmal zusammen ins Kino. Damit begann die Heimlichkeit. Henning getraute sich nicht, der kranken Laura etwas von seinen fröhlichen

Stunden mit Karen zu erzählen. Reden war noch nie seine Angelegenheit gewesen.

Henning war ein Schaffer. Als praktizierender Katholik verstand er die Ehe als unauflöslich. Er dachte nicht daran, mit Karen eine sexuelle Beziehung zu beginnen, obgleich gewisse Signale von ihr kamen. Wenig später musste Karen wegen eines Berufwechsels in eine andere Stadt ziehen. Die kurze Begegnung zwischen ihr und Henning fand ohne jegliche Dramatik ein Ende. Henning war sogar erleichtert, weil Heimlichkeiten zu seiner Natur nicht passten. Jetzt trainierte er wieder mit einem Vereinskamerad.

Doch Laura war durch den Hinweis einer Freundin und durch eine nicht gelöschte SMS-Nachricht auf Hennings Handy („Treffen 18.00 Uhr Stadtpark. Karen“) aufgescheucht worden. Ihre Depression war mittlerweile abgeklungen. Dafür war sie jetzt eifersüchtig und verletzt. Henning erklärte ihr alles. Er berichtete Laura wahrheitsgemäß, dass Karen inzwischen ihres Berufes wegen über alle Berge verschwunden sei. Er beteuerte glaubhaft, dass nichts „passiert“ sei. Er habe sich einfach etwas allein gefühlt und Aufmunterung gebraucht. Laura schien mit den Erklärungen zufrieden. Sie fragte nach einiger Zeit nicht mehr nach. Henning dachte, alles sei geklärt zwischen ihnen.

Das Gegenteil war der Fall. Laura konnte nicht vergessen. Sie hatte ein Elefantengedächtnis. Die Tatsache brannte in ihr, dass Henning ausgerechnet in der Zeit ihrer Depression mit einer anderen Frau „geflirtet“ hatte. Ihre Gedanken verloren sich in Spekulationen: „Ob er ihr nachtrauert? Ob sie auch miteinander telefonieren? Ob er in seinem Unternehmen, in dem die meisten Angestellten Frauen sind, nach anderen Weibern liebäugelt?“ Immer tiefer grübelte sich Laura in ihren Schmerz und ihre Verdächtigungen hinein. Jetzt begann sie, das Essen in sich hineinzustopfen. Laura: „Es war eine Sucht. Ich konnte nicht mehr aufhören. Es war da ein ganz hungriges Kind in mir, das sich nicht geliebt fühlte und nach Zuwendung schrie. Ich stopfte es mit Süßigkeiten und Zwischenmahlzeiten voll."

Laura schwieg. Nicht einmal der besten Freundin eröffnete sie sich. Denn sie steckte voller Scham. Laura: „Ich fühlte mich absolut unattraktiv, fett und abstoßend. Warum sollte Henning auch Freude an mir haben? Vielleicht hatte er mich überhaupt nur aus Mitleid geheiratet?"

Immer wieder malte sich Laura aus, wie Henning und Karen miteinander geflirtet hatten. Sie sah die beiden vor ihrem inneren Auge eng umschlungen, sich küssend. Von Karen wusste sie nur, dass sie rank und schlank wie eine Gazelle war. Laura: „Gazelle! Ich hätte jede Gazelle im Zoo erschießen können! Mit meiner Fresserei und meinem Dickwerden praktizierte ich eine ganz seltsame Doppelstrategie. Einmal bestätigte ich mich noch selbst in meinem Elend. Jetzt war ich ja wirklich ‚dick und fett'. Andererseits, und das ist mir erst sehr viel später klar geworden, verfolgte ich damit die Taktik, Henning mit mir dicker Frau zu bestrafen für das, was er getan hatte. Mir war klar, dass er sich mit mir nicht mehr gerne in der Öffentlichkeit zeigte. Jetzt sollte Henning die Folgen tragen dafür, was er mit mir angerichtet hatte!"

Laura hatte nicht verziehen. Sie machte das, was wir so oft bei Beziehungskonflikten tun – sie hielt das „Museum der Verletzungen" Tag und Nacht offen. Laura polierte jeden einzelnen Gegenstand auf Hochglanz und machte noch weit nach Mitternacht Führungen für ihr gekränktes Ich: „Das hat mir Henning angetan. So bin ich wegen seiner Treulosigkeit geworden. Nie wieder werde ich eine schöne Frau sein!"

Laura fror den „bösen Henning" als eine schlimme Instanz in sich fest. Dort verblieb der „Ehebrecher" eingeschlossen auf eine Ewigkeit wie eine Mücke im Bernstein. Wenn da nicht die Therapie dazwischen gekommen wäre. Laura fühlte sich als Opfer und als Staatsanwältin zugleich. Da sie kein Engel war, sann sie zwischenzeitlich auch auf Rache gegen Henning. Aber wie sagt doch das chinesische Sprichwort:

„Jeder, der sich zur Rache entschließt, sollte zwei Gräber graben." Das Zweite ist für mich selbst, für meine in den Rachegefühlen gestorbene Lebendigkeit.

In der gemeinsamen Paartherapie von Laura und Henning platzte der eitrige Knoten. Laura konnte „grad jetzt" die Liebe nicht mehr sprudeln lassen, weil sie den Weg der Verzeihung und Versöhnung nicht gegangen war.

Das Wörterbuch meint mit Verzeihen „aufhören, jemandem etwas übel zu nehmen; aufgeben, wütend zu sein oder Vergeltung zu verlangen". Unter Vergeben versteht es: *etwas loslassen, ohne etwas auskommen.* Das Verzeihen ist eine Reise und ein Prozess. Diese Reise will im Alltag immer wieder angegangen werden. Wenn wir christlich erzogen wurden, so lernten wir im „Vaterunser": „Und vergib uns unsere Schuld, wie auch wir vergeben unsern Schuldigern." Schon im Kindergarten lernen wir die versöhnende Kurzformel „Es tut mir Leid". Nun gibt es richtige und falsche Arten des Verzeihens. Ein japanisches Sprichwort warnt: „Einem Menschen zu verzeihen, der nicht bereut, ist wie Zeichnen im Wasser."

Wie Laura werden wir in der Regel dort am stärksten verletzt, wo wir am meisten lieben. Das liegt in der Natur der Sache. Bevor ich vorschnell verzeihe, muss ich mich fragen: Stecke ich noch in der Verletzungsfalle? Empfinde ich noch Bitterkeit? Habe ich innerlich eine Mauer gegen den anderen errichtet und lasse ihn nicht an mich heran?

Wo wir nicht verzeihen, auch in Kleinigkeiten nicht, bewegen wir uns in einer, wie die Psychologie sagt, *symmetrischen Eskalation*, das heißt, der eine schießt, der andere schießt zurück. So geht es ohne Ende.

Was Verzeihen mit Sicherheit nicht ist, ist klein beigeben und zu Kreuze kriechen. Das entwürdigt erst recht. Verzeihen ist aber auch nicht, wie so oft fälschlich gefordert wird, vergessen. Wie könnte Laura die bittersten Stunden ihres Erwachsenenlebens und die Entdeckung der „Geschichte“ zwischen Henning und Karen vergessen? Gerade dieser Schmerz ist ja ein wichtiger Lehrmeister für sie, sich nicht mehr zum Opfer machen zu lassen. Verzeihen heißt aber auch nicht, einfach Nachsicht zu üben. Die Sache mit Karen hat wehgetan. Sie war schlimm. Sie hat Laura monatelang gequält, bis sie überhaupt darüber sprechen konnte. Sie hat ihr Leben verändert. Laura wird so lange nicht verzeihen können, wie sie selbst diese Verletzung verdrängt, bagatellisiert, leugnet, beschönigt oder rechtfertigt. Wofür soll sie dann überhaupt Verzeihung gewähren?

In der Therapie musste Laura das Unerledigte bearbeiten, ihr mangelndes weibliches Selbstbewusstsein schon als Jugendliche, ihre falsche Dankbarkeit, von Henning „unter die Haube“ gebracht worden sein. Es tat weh, als sie hinter dieser eigenen seelischen Verpanzerung das Grunddrama ihrer Existenz begreifen musste. Die Reise des Verzeihens ist ein Weg des Verstehens. Laura begriff jetzt, was und warum diese Irritation in ihrer Ehe geschehen war. Sie begriff, warum sie mit einer Ess- und Süßigkeitssucht ihre innere Leere zu stopfen versuchte. Laura empfand Mitleid mit dem „pummeligen Kind“ in sich. Sie nahm Abschied von der Opferrolle. Sie war nicht nur eine Trauerweide, sondern auch eine Frau, die albern, lebendig und sexy sein konnte. Warum hatte sie das nur so lang in sich unterdrückt?

Als Allererstes musste Laura lernen, sich selbst zu verzeihen, die Scheuklappen des Opfers abzulegen und zur Selbstachtung zu finden. Das sind die Fundamente der Heilung. Im vorliegenden Fall von Henning und Laura war es zu keiner eigentlichen *Außenbeziehung* gekommen. Alles war eher wie ein Spiel auf Hennings Seite, und doch berührte es genau den Nerv der Dinge. Beide konnten nicht mehr richtig Ja zueinander sagen, weil sich der Groll wie Staub über ihre Liebe gelegt hatte.

Denn auch Henning, so stellte es sich in den Einzelstunden mit ihm heraus, war gekränkt. Er konnte Laura nicht so recht verzeihen. Eigentlich, so stellte es sich erst jetzt heraus, hatte er ihre postnatale Depression für eine Art Zickigkeit und weibliche Wehleidigkeit gehalten. Er grollte ihr auch, weil Laura seine wiederholte Empfehlung, eine Selbsthilfegruppe zur Essstörung (Overeaters Anonymous) zu besuchen, ignoriert hatte. Die Vorstellung, ein Leben lang mit einer dicken Frau zu verbringen, stimmte ihn unterschwellig traurig *und* wütend. Resigniert stellte Henning seine erotische Werbung um Laura ein. Die Sexualität nahm langsam aber sicher ab zwischen ihnen.

Hier setzte, nach gründlicher Vorarbeit, das Verzeihensritual in der Therapie einen erfrischenden neuen Anfang für Laura und Henning. Sie taten im geschützten Raum der Seelenarbeit das, was Paare immer wieder und aus eigenen Kräften leisten müssen: Sie baten um Verzeihung. Sie gewährten sich Verzeihung.

Dabei gibt es drei Möglichkeiten. Der oder die um Verzeihung Gebetene kann auf die Bitte um Verzeihung antworten: „Ich kann dir nicht verzeihen." Das ist dann das Ende einer Beziehung. Wer meint, diese harte Wahrheit in sich zu spüren, der muss auch so konsequent sein, sich und den anderen aus der Beziehung zu entlassen. Es ist unzumutbar, an der Seite eines Partners weiterzuleben, der einem nicht verzeiht.

Die Antwort kann aber auch lauten: „Ich kann dir noch nicht verzeihen." Das bedeutet: „Lass mir noch Zeit. Es tut alles noch so weh. Ich brauche noch eine gewisse Zeit lang deine aktive Reue und Wiedergutmachung." Damit kann der andere, wenn es ihm ernst ist, eine Zeit lang leben. Er hat das Recht, danach zu fragen, wie lang die „Probezeit" etwa dauern wird und was konkret der gekränkte Partner an Verhalten bzw. Wiedergutmachung erwartet.

Die dritte Antwortformel ist die klarste. Sie gibt sofortige Hoffnung. Sie lautet: „Ich verzeihe dir." Dabei muss der um Verzeihung Bittende wie der Verzeihung Gewährende klar und ohne Vorbehalt sein. Ein

„Ja, aber“ ist nicht erlaubt. Wer um Verzeihung bittet, soll klar sagen, was Sache ist. Etwa: „Ich habe, gegen unsere Absprache, an drei Wochenenden Überstunden gemacht und dich mit den Kindern allein gelassen. Das tut mir Leid. Das wird nicht mehr vorkommen. Ich bitte dich um Verzeihung.“ Oder: „Ich habe dich heute vor den Kindern angeschnauzt und lächerlich gemacht. Das ist mir jetzt schon mehrfach passiert. Es tut mir Leid. Ich werde es nicht mehr tun. Bitte verzeihe mir.“

In meinen Paarseminaren bitte ich regelmäßig am Ende der Selbsterfahrungswochenenden jede Frau und jeden Mann, bei seinem Partner um etwas um Verzeihung zu bitten, das noch als Beziehungshypothek drückt. Es gibt kein Paar, das sich nichts zu verzeihen hätte. Meist sind es Kränkungen des Alltags. Kleine Lieblosigkeiten. Ich bin frappiert, wie befreiend dieses Um-Verzeihung-Bitten und Verzeihung-Gewähren ist. Immer sind die Paare gerührt. Immer nehmen sie sich in den Arm. Immer küssen sie sich. Immer kehren sie Hand in Hand an ihren Platz zurück.

Das Wort „Wiedergutmachung“ ist gefallen. Das ist ein Wort aus dem alten germanischen Recht. Ich schätze es in der gemeinsamen Paararbeit außerordentlich. Es entspricht einem natürlichen Rechtsempfinden. Wenn mich jemand mit dem Auto angefahren und mir Prellungen und Hämatome zugefügt hat, dann kann sein Schmerzensgeld die böse Geschichte zwar nicht ungeschehen machen, aber es enthält doch ein Stück Schadensanerkennung und tätiger Reue. Vielleicht mache ich mir von dem Schmerzensgeld einen schönen Urlaub.

Paare tun gut daran, mit Wiedergutmachungen zu arbeiten. Der Mann hat einmal wieder den Samstagmorgen beruflich blockiert und die Frau mit den Kindern zu Hause sitzen lassen. Er entschuldigt sich und bietet, weil es wiederholt geschehen ist, Wiedergutmachung an: Dafür nimmt er sich einen Wochentag frei und geht mit den Kindern in den Zoo. Jetzt spürt die Frau seinen guten Willen und kann verzeihen.

Oder die Frau war wegen ihres Heilpraktikerkurses wochenlang nur kurz angebunden und abweisend. Jetzt offeriert sie ihm einen gemeinsamen Kurzurlaub ohne Kinder – und ohne Lehrbücher! Er lächelt wieder. Der Rechtsfriede ist wiederhergestellt.

War man garstig zueinander, so kann man als Paar auch mit einem kleinen Versöhnungsritual den Zwist versinnbildlichen und beenden: Beide werfen eine Brennnessel von einer Brücke ins Wasser. Dann küssen sie sich die alte Brennnesseligkeit von den Lippen. Das tut gut.

Nicht anders verlief denn auch der feierliche Auszug von Laura und Henning aus dem „Museum der Verletzungen". Ich hatte beide gebeten, sich zur letzten Sitzungsstunde je einen Verzeihenssatz zu überlegen. Sie kamen festlich angezogen. Sie stellten sich in respektvollem Abstand gegenüber. Henning sagte: „Laura, ich bitte dich um Verzeihung, dass ich deine Depression nicht ernst genommen habe und mich mit Karen ablenkte." Laura: „Ich verzeihe dir."

Dann bat Laura: „Henning, ich bitte dich um Verzeihung, dass ich dir einen Seitensprung unterstellt habe. Entschuldige, dass ich glaubte, du hättest mich aus Mitleid geheiratet." Henning: „Ich verzeihe dir."

Beide brachen in Tränen aus. Beide lachten. Museum geschlossen.

Ich-AG und Wir-AG

„Ich liebe dich sehr. Nur nicht grad jetzt." Manchmal schaffen wir das „grad jetzt" nicht, weil wir noch in einem Kammerspiel unbegriffener Gefühle gefangen sind, wie wir das im vorigen Kapitel sahen. Oft ist es aber auch das *Abenteuer der Individuation*, das jeden von uns in Atem hält. Um einen modischen Ausdruck zu benutzen: Unsere Beziehung besteht, mathematisch gesehen, aus zwei Ich-AGs plus einer Wir-AG.

Was heißt das? Zunächst einmal bedeutet es, dass wir beide, wenn wir nicht wie Zombies vor uns hinleben, Persönlichkeiten der *Entwicklung* sind. Jeder von uns muss seine eigene Ich-Werdung zu jedem Zeitpunkt des Lebens immer wieder neu bestehen. Dabei hat er viel mit sich zu tun. Er oder sie ahnt in der Regel kaum etwas von dem dramatischen Ich-Prozess des anderen. Gleichzeitig stehen wir beide noch in der Notwendigkeit der Paar-Evolution, also der Wir-AG. Diese sieht sich ständig neuen Herausforderungen und Umbauarbeiten gegenüber.

Die Wir-AG ist unser Lebensschiff. Bald dümpelt es ruhig vor sich hin, bald muss es sich seinen Weg durch hohen Wellengang bahnen. Manchmal bricht im Motorraum Feuer oder im Steuerraum Panik aus. Es bleibt uns nichts anderes übrig, als gemeinsam das Feuer zu löschen und das Steuer herumzuwerfen. Wir sind Kapitän, Matrosen und Schiff in einem. Die Wetter- und Wellenlagen ändern sich gelegentlich mit katastrophalem Tempo. Ein gutes Schiff hat einen erfahrenen Kapitän,

Austauschmotore, Hilfspumpen und Proviantreserven. Damit ist es ein sich selbst steuernder Mechanismus. Auf das Paar bezogen, könnte man sagen: Ein gutes Paar ist das, das auf zwei starken Ich-AGs basiert. Zugleich entwickelt es, in ständiger Abstimmung, eine kraftvolle und entwicklungsfähige Wir-AG.

Paare vergessen im Höhenflug des ersten Honeymoon leicht, welche Krisen auf sie zukommen. In der Seligkeit der Verliebtheit scheint die Welt stille zu stehen. Wo das Paar hinschaut, sieht es nur Liebe, Beglückung, Akzeptanz, holde Spiegelung. Wie enthusiastisch lässt es sich da lieben! Dann beginnt wieder der Alltag, der Beruf, die Begegnungen und Konfrontationen mit Menschen. Das macht die Essenz jedes wahrhaft gelebten Lebens aus. Es bringt Kummer, aber auch die Sprengkraft der Entwicklung und des Glücks.

Die Abenteuer der Psychogenese konfrontieren uns mit der strukturellen Offenheit unseres Lebens. Ein mittelalterlicher Anonymus formulierte diese Offenheit so:

Ich lebe, weiß nit, wie lang,
sterbe und weiß nit, wann,
ich fahr davon, weiß nit, wohin,
mich wundert, dass ich so fröhlich bin.

Eine gute Ich-AG im psychologischen Sinn zu sein bedeutet, Mut zum Ich, Mut zum Wachstum zu entwickeln. Wachstum aber bedeutet Veränderung. Diese Veränderung reißt Löcher in die Textur des Gewohnten. Sie macht ratlos, sie macht Angst. Sie moussiert oft aber auch wie Champagner. Jeder von uns macht diese Erfahrung letztlich allein und ist darauf nicht vorbereitet. Es gibt keinen Trockenkurses des Lebens.

Henning, von dem wir im letzten Kapitel hörten, befand sich, wie er mir berichtete, inmitten eines solchen schwierigen Individuationsschubs. Der bisherige Chef seines großen Textilunternehmens war in einen anderen Konzern übergewechselt. Für Henning war er eine Art beschützende und motivierende Vaterfigur gewesen. Jetzt fand sich Henning über Nacht plötzlich im rauen Klima der Chefetage wieder. Er sah sich als Protegé des früheren Chefs den Neidern und Stuhlsägern ausgesetzt. Henning spürte, dass er jetzt ein kämpferisches Profil und Standvermögen entwickeln musste, um ein für alle Mal seine Leitungspersönlichkeit und Fachautorität unter Beweis zu stellen. Dieser Prozess der Charakterprofilierung im Beruf verlief völlig asynchron zu den Bedürfnissen seiner Wir-AG mit Laura. Laura ihrerseits vermochte längere Zeit die verborgene Dramatik dieser inneren Auseinandersetzung in Henning nicht zu begreifen. Er selbst begann ja gerade erst, die Notwendigkeit seines Entwicklungssprungs zu verstehen.

Wenn Frau und Mann nur einseitig und egozentriert an der Entwicklung ihrer jeweiligen Ich-AG arbeiten, dann besteht die Gefahr, dass sie sich aus den Augen verlieren und dass die Wir-AG an Investitionsmangel schwächelt. Konzentriert sich umgekehrt ein Paar allein auf die Wir-AG, den Hausbau, die Kinder und vernachlässigt die beruflichen und die individuellen Entwicklungsstränge, so werden die Partner eines Tages feststellen, dass sie sich selbst aus den Augen verloren haben. Dann bekommt die Liebe angestrengte Züge: Weil sie mit Bitterkeit imprägniert ist.

Das erlebte ich bei Johannes und Paula. Sie waren beide um die fünfundvierzig Jahre alt. Sie befanden sich in der berühmten *generativen Phase* ihres Lebens. Der Begriff stammt von Erik Erikson. Der von den Nazis ins amerikanische Exil vertriebene Psychologe erforschte die Lebenszyklusforschung vor allen in seinen zwei Hauptwerken „Identität und Lebenszyklus“ (1959) und „Der vollständige Lebenszyklus“ (1982). Das mittlere Erwachsenenalter, so befand Erikson, besteht in der Spannung zwischen „zeugender Fähigkeit versus Stagnation“. Was bedeutet das?

Das mittlere Erwachsenenalter stellt uns vor die Aufgabe der Generativität, also der Zeugungskraft im engeren und im weiteren Sinne. Meistens zeugen wir Kinder. Wenn dies nicht der Fall ist, sind wir bestrebt, uns in einem Haus, einer Lebens- oder Werkleistung zu verewigen. Wenn wir gestorben sind, soll, in Form der Kinder, eines Hauses oder einer geistigen Leistung, etwas von uns zurückbleiben und von unseren schöpferischen Dasein zeugen.

Generativität im Sinn dieser allgemeinen Zeugungskraft bedeutet also Produktivität und Fürsorge, Weitergabe dessen, was ich selbst an positiver materieller und ideeller Lebensausstattung empfangen habe. Die Eltern können mich nicht mehr beschützen. Ich selbst muss, relativ autonom, mein Leben schöpferisch gestalten. Ich erobere das Leben. Ich werde sesshaft. Ich schlage Wurzeln. Jahreszeitlich gesprochen befinde ich mich im Zenit der Sommersonne meines Lebens. Als Paar ist unser Wir-Komplex stabil. Wir verschwenden uns an die Generation unserer Kinder. Wir entwickeln das, was Thomas Mann die „Weltfrömmigkeit" nennt, eine liebende und bewahrende Beziehung zu unserem verletzlichen schönen blauen Planeten. Wir schaffen eine Welt der Partnerschaft, der Kinder, der Beziehungen, der beruflichen und sozialen Netze. Wir fühlen uns davon getragen. Diese kreative Phase spannt sich etwa vom dreißigsten Geburtstag bis in die Mitte der Fünfzigerjahre.

Nichts fürchten wir in diesem Lebensabschnitt mehr als die Stagnation. Wir sind angetreten, unsere schöpferischen Talente nicht im Acker zu vergraben, sondern zu vermehren. Wir wollen einen kühnen Lebensentwurf realisieren. Die Jahre jagen mit verblüffender Geschwindigkeit vorbei. Längst sind wir aus der kleinen Wohnung unserer ersten Ehejahre ausgezogen. Wir bewohnen ein Haus. Wir leisten uns ein repräsentatives Auto als Statussymbol. Zweimal jährlich urlauben wir großzügig im Ausland.

Was passiert aber, wenn in diesem gewaltigen schöpferischen Lebensprozess die Gewichte von Ich-AGs und Wir-AG wie eine falsch gestapelte Schiffsladung verrutschen? Genau das erlebten Johannes und Paula. Sie kamen zu mir, weil sie sich, seit dem Auszug der beiden studierenden Kinder, „so freudlos“ fühlten. Beide hatten alles, aber auch alles in die vierköpfige Wir-AG gesteckt. Paula, studierte Chemikerin, hatte auf ihren Beruf verzichtet und zu Gunsten der Kinder zurückgesteckt. Die Kinder entwickelten sich prächtig. Da sie selbst ein Scheidungskind gewesen war, nahm sich Paula zurück, um der Tochter und dem Sohn die Geborgenheit eines Heims zu geben.

Jetzt, nach dem Abitur der Kinder, fühlte sich Paula plötzlich grenzenlos leer. Was war aus ihrem eigenen Leben geworden? Die Naturwissenschaften hatte sie aus Neigung, nicht als Brotberuf studiert. Nun sagte Paula plötzlich: „Ich weiß weniger als nichts.“

Neben ihrer naturwissenschaftlichen Ausbildung liebte Paula die Malerei. Noch als Studentin hatte sie einen dreijährigen Kurs in Bildhauerei absolviert. All die Jahre hindurch verfolgte sie der Traum von einem eigenen Atelier. Was war aus den Visionen geworden? Nichts. Paula spürte Bitterkeit. Sie traute sich weder beruflich noch mit ihren künstlerischen Interessen einen Neuanfang zu. „Wer würde mich denn ernst nehmen“, so fragte sie mich resigniert, „wenn ich als Frau, die auf die Fünfzig zugeht, beginne, ‚in Kunst zu machen‘?“

Johannes stand hilflos daneben. Sie hatten doch alles so gut gemeint. Nie hätte er seiner Frau die Ausübung eines Berufs oder einer Teilzeitarbeit verboten. Sie verstanden sich als ein emanzipiertes Paar und als hervorragendes Arbeits- und Familienteam. Er selbst, so stellte sich in den Beratungen heraus, hatte auf seine männliche Weise alles der Wir-AG des Familienunternehmens geopfert. Zwar musste er nie auf den Beruf verzichten, aber er hatte jahrelang jeden, auch den kleinsten Auftrag angenommen und sich zu keinem Zeitpunkt getraut, sich seinen eigenen Traum, die Gartenbauarchitektur und Landschaftsplanung größeren Stils, zu gestatten. Alle seine Hobbys hatte Johannes dem Geldverdienen geopfert. Er legte früh für das Studium der Kinder

Geld an. Früher hatte Johannes in einer Studentenband Saxophon gespielt. Nun brachte er auf dem Blasinstrument kaum einen Ton mehr hervor. Geschichte und klassische Literatur hatten Johannes seit seinen Gymnasiastenzeiten fasziniert. Nun, nach zwanzig Jahren täglichen Frondienstes in seinem Architekturbüro, bekannte er: „Ich bin ein richtiger Analphabet geworden. Ich lese nur noch Fachzeitschriften. Ich funktioniere wie ein Rädchen. Ich habe nicht einmal mehr einen Freund. Alles ist meiner Arbeit untergeordnet. Ich habe überhaupt keinen Abstand zu mir selber mehr. Wer bin ich eigentlich?"

Johannes und Paula hatten, zu Gunsten des bravourösen Familienprojektes, die beiderseitigen Ich-AGs sträflich vernachlässigt. Sie hatten sich selbst aus den Augen verloren. Inzwischen haperte sogar die Wir-AG, denn die Kinder bildeten nicht mehr das verbindende Fixativ. Beide hatten verlernt, auch jenseits der Kinder spannende Paarprojekte zu entwickeln. Das kann das gemeinsame Erlernen einer Sprache sein, aber auch Malen und Töpfern, sich in Reisen die Welt erschließen, sich neue geistige Areale anzueignen. Sie wurden sich langweilig. Sie begannen, die wenigen gemeinsamen Abend- und Wochenendstunden auch noch mit Fernsehen und einem Schluck zu viel Alkohol zu überbrücken. Sie waren ratlos.

Paula riskierte einmal das kritische Wort: „Warum sind wir überhaupt noch zusammen? Die Kindererziehung haben wir erfolgreich abgeschlossen." Genau diese Fragestellung brachte die beiden in die Paartherapie. Sie ertrugen es nicht länger, dass sie die Stagnation ihres Lebens mit der stummen Wucht der Depression überfiel.

Johannes und Paula lernten, jeder auf seine Weise, sich unbequemen Fragen zu stellten. Liebe ich? Werde ich geliebt? Bin ich autonom? Pressen mich die Umstände, die Familie, der Beruf? Bleibe ich im alten Trott? Realisiere ich die in mir angelegten Möglichkeiten? Stimmt mein Tätigkeitsfeld noch? Bin ich glücklich? Bin ich frei? Lebe ich meine Lebendigkeit? Stille ich meine Sehnsucht mit Sucht?

Chronische Fernseherei und Alkohol können die Vorboten der Sucht sein. Hinter jeder Sucht steckt die Sehnsucht nach einem erfüllten Leben. Als Sigmund Freud einmal gefragt wurde, wie er seelische Gesundheit definiere, antwortete er mit den knappen Worten: „Arbeiten und lieben."

Paula fand als Erste einen Weg aus dem Dilemma. Sie reaktivierte ihre Chemiekenntnisse. Ein Jahr nach dem Ausbruch der Ehekrise begann sie, vormittags in der Apotheke einer Freundin zu arbeiten. Auf der nahe gelegenen Kunsthochschule belegte sie einen Aktkurs. Sie fand wieder Zugang ins künstlerische Milieu. Die Hausarbeit reduzierten sie und Johannes auf das Notwendigste, das heißt, sie gönnten sich eine Hilfskraft und mehr Serviceleistungen. Paula blühte wieder auf. Ein neues Leben lag vor ihr.

Johannes tat sich schwieriger mit seinem neuen Weg. Er brauchte einige Zeit, um den „Routinekrempel", wie er es nannte, an seine jüngeren Mitarbeiter zu delegieren und, nach einer einschlägigen Fortbildung, völlig neue Projekte zur Landschaftsgestaltung zu akquirieren. Das erfüllte ihn mit ungeahnter Freude. Johannes rang dem Arbeitstag mehr Freizeit ab. Er arbeitete in einem Geschichtszirkel der Volkshochschule mit. Nicht zu vergessen: Beide belegten einen Kurs „Tango argentino" und zogen aus der „Wahnsinnsunternehmung" (Originalton Paula) mit den jüngeren Teilnehmern „geradezu unanständige erotische Energien" (Originalton Johannes).

Das Abenteuer der Individuation will immer wieder von beiden Partnern neu, sowohl für sich selbst als auch gemeinsam, bestanden werden. Das hat nichts mit Harmonie oder mit dem organischen Wachsen eines Baumes zu tun, der Jahr für Jahr geduldig einen neuen Ring anlegt. Das geht meist diskontinuierlich, von dem Schmerzpunkt einer Krise, der Unzufriedenheit und Liebesstagnation, aus. Der Leidensdruck ist unser schwerster, aber wichtigster Lehrmeister.

Wenn Paare, wie Paula und Johannes, sich in den Schmelztiegel dieses Wandlungsprozesses begeben, kommt pures Seelengold dabei heraus. Beide entwickeln eine neue Ich-AG. Sie werden dadurch für den anderen wieder attraktiv, weil ein bisschen fremd. In diese faszinierende Fremdheit können sie sich erneut verlieben wie Jahrzehnte zuvor. Aus dieser Fremdheit entsteht auch wiederum eine neue Wir-AG mit noch nie gekannten Potenzen, Überraschungen und geheimen Antrieben.

Gerade in der Sommerzeit unseres Lebens, wenn wir die Fülle leben, ist das Abenteuer der Individuation allein und zu zweit grandios. Paula und Johannes, die sich „grad jetzt" wieder zu lieben vermögen, habe ich eines der schönsten Gedichte Friedrich Hölderlins (1770–1843) geschenkt. Sein Titel lautet „Der Sommer". Das Gedicht kann für die Fülle der gelebten, bewussten Liebe stehen:

Noch ist die Zeit des Jahrs zu sehn, und die Gefilde
Des Sommer stehn in ihrem Glanz, in ihrer Milde;
Des Feldes Grün ist prächtig ausgebreitet,
Allwo der Bach hinab mit Wellen gleitet.

So zieht der Tag hinaus durch Berg und Tal,
Mit seiner Unaufhaltsamkeit und seinem Strahl,
Und Wolken ziehn in Ruh in hohen Räumen,
Es scheint das Jahr mit Herrlichkeit zu säumen.

Geheimnisse

Natürlich müssen Partner dem anderen gegenüber grundsätzlich offen sein. Nichts zersetzt eine Beziehung stärker als fortgesetzte Lügen. Die Liebe basiert nicht nur auf Vertrauen, sie *ist* Vertrauen. Wie eine Liebe durch eine Lüge bis an die Grundfesten erschüttert werden kann, das habe ich bei Carmen und Moritz mit einigem Erschrecken erlebt.

Carmen und Moritz kamen in ein Lahnsteiner Paarseminar zu mir und meiner Schwester, der Diplompsychologin Dr. Maria Theresia Jung aus Konstanz. Nichts lief mehr in der Ehe. Das Gespräch, die Sexualität, die Zärtlichkeit waren versandet. Carmen wütete, Moritz schwieg. Er schwieg selbst an dem Paarwochenende in allen Übungen und sogar bei einer Einzelarbeit mit ihm und seiner Frau so hartnäckig, das nicht nur wir Therapeuten, sondern auch die Gruppe schier verzweifelte. Jedes Wort musste man Moritz wie mit der Beißzange aus dem Mund holen. Seine Aussagen waren vage. Seine Probleme mit Carmen schienen unsäglich schwierig und kaum zu benennen. Moritz war auch nicht dazu zu bewegen, einmal mit aller Wut die Gründe seines Grolls auf Carmen und die Ursachen seines emotionalen Rückzugs herauszuschreien. Alle behandelten ihn wie hoch explosives Dynamit, unendlich vorsichtig.

Das war, rückwirkend gesehen, vielleicht falsch. Aber Moritz vermittelte den Eindruck, dass er jederzeit das Paarseminar abbrechen und Carmen im Elend zurücklassen würde. Selbst auf die Frage, was er sich im Zusammenleben mit Carmen in Zukunft anders wünsche, welchen neuen Beziehungsvertrag er mit ihr schließen wolle, antwortete Moritz nur einsilbig und unergiebig. Die arme Carmen litt wie ein Hund. Die Zeit für eine Lösung des Rätsels war zu kurz – Paarseminare sind eher eine Art Anschubfinanzierung und Katalysator. Die eigentliche Arbeit beginnt in der filigranen Auseinandersetzung der einzelnen Paartherapie.

Ich sah Moritz nie wieder. Dafür kam Carmen ein Vierteljahr später. Das Rätsel lüftete sich auf verblüffende Weise: Moritz hatte seit einem Jahr eine Geliebte. Diese Wahrheit hatte er Carmen nicht selbst offenbart. Carmen hatte die Außenbeziehung entdeckt, als sie, auf der Suche nach einer Straßenkarte, im Auto ihres Mannes eine Postkarte der Rivalin entdeckte. Jetzt war ihr alles klar – sein Schweigen, sein Rückzug, sein Unwillen, an der Beziehung zu arbeiten. Besonders erbitterte Carmen, dass Moritz sie, wie sie sagte, durch sein Verschweigen der Wahrheit auf dem Paarseminar zur „Idiotin" gemacht habe. Die Ehe erholte sich bis heute nicht von diesem Vertrauensbruch. Fazit: Die Unwahrheit kann eine Beziehung vergiften.

Müssen sich Paare alles gestehen? Gibt es so etwas wie einen katholischen Beichtzwang? Kann ein Geheimnis möglicherweise nicht auch die Ehe schützen? Ich habe in diesem Fall ein anderes Paar im Auge, bei dem sich die reine Wahrheit als unzumutbar und zerstörerisch erwies. Eines Tages kam Burkhard von einer nahe gelegenen Klinik im Zustand schmerzhafter innerer Auflösung zu mir. Während des Klinikaufenthaltes, den er wegen einer Kreislaufschwäche angetreten hatte, „beichtete" der 72-jährige Burkhard, dass er als 43-jähriger Mann seine Frau Ruthild mit seiner Sekretärin betrogen habe. Das Verhältnis habe etwa ein Vierteljahr lang bestanden, bis er es beendet habe. Die Außenbeziehung sei er damals vor allem aus sexuellen Motiven eingegangen, weil Ruthild zwischen den häufigen Kindergeburten den Geschlechtsverkehr mit ihm fast völlig eingestellt habe. Burkhard geriet bei seinem Geständnis an einen ebenso moralinsauren wie bigottreligiösen Mitpatienten. Dieser empfahl ihm nämlich, Gott für sein „Verbrechen“, wie er es nannte, um Verzeihung zu bitten und unverzüglich seiner Frau alles zu offenbaren und deren „Strafe“ demütig anzunehmen.

In seiner Verzweiflung sprach mich Burkhard nach einem meiner allwöchentlichen Vorträge an. Da er außer Fassung war, trafen wir uns bereits am Abend darauf in einer schnell anberaumten Notsitzung. Burkhard erwies sich als förmlich getrieben von seinem Bekenntniszwang. Er wollte sich den, wie er sagte, „unverzeihlichen Ehebruch“ unbedingt bei Ruthild von der Seele reden. Das hätte im Prinzip durchaus erlösend und bei einer souveränen Frau befreiend werden können. Vorsichtshalber befragte ich Burkhard nach der Wesensart seiner Frau. Ich wusste nur von ihr, dass sie ihm fünf Kinder geboren hatte und dass sie ihre Freizeit der Arbeit in ihrer evangelischen Kirchengemeinde opferte. Ich fragte Burkhard: „Ist deine Frau großzügig? Ist sie liberal? Ist sie verzeihensfähig? Hat sie selbst vielleicht einmal in ihrem Leben erotische Anfechtungen erlebt? Wird sie sich über deine Ehrlichkeit freuen?“

Burkhard verneinte. Ruthild sei, so sagte er, streng in ihren moralischen Auffassungen. Er sei ihr erster und einziger sexueller Partner. Sie habe seit den Wechseljahren die Sexualität mit ihm als „schmutzige Sache“ eingestellt. Sie könne nicht verwinden, dass eine der Töchter in einer lesbischen Beziehung lebe. Ruthild zeige sich nie nackt vor ihm.

Diese Auskünfte alarmierten mich. Ich gab Burkhard zu bedenken, ob es nicht besser sei, sein schlechtes Gewissen über die dreißig Jahre zurückliegende Außenbeziehung mit sich selbst auszumachen und vielleicht als religiöser Mensch das Gespräch mit einem aufgeschlossenen Seelsorger zu suchen. Die Wahrheit, so gab ich zu bedenken, könne die Ehefrau möglicherweise psychisch erschlagen. Ich sprach mit Engelszungen auf Burkhard ein, weil ich bei einem Geständnis eine eheliche Katastrophe befürchtete.

Genau so kam es. Burkhard gab seinem Bekenntniszwang nach, offenbarte den historischen Seitensprung – und verdarb alles. Ruthild drohte mit Scheidung. Sie wurde schwer hysterisch. Sie machte ihm die Hölle heiß. Nur mit Rücksicht auf die Unauflöslichkeit der Ehe, so sagte sie, „halte ich die letzten Jahre noch mit dir durch". Wieder saß Burkhard in meinem Sprechzimmer, diesmal weinend und völlig am Ende. Ruthild verweigerte sich einem Gespräch zu dritt. Sie bestand auf ihrer alttestamentarischen Rache, Auge um Auge, Zahn um Zahn. Statt zu kämpfen, kapitulierte Burkhard auf der ganzen Linie: Alle fünf Kinder wurden hochoffiziell von seinem „Vergehen" unterrichtet. Es gelang mir nicht, ihn zum Widerstand gegen diese Demütigung und seinem künftigen Dasein im Büßergewand zu mobilisieren. Fazit: Die Wahrheit kann eine Beziehung vergiften.

An dem letzten, besonders krassen Beispiel wird deutlich, was es mit Wahrheit und Geheimnis tiefenpsychologisch auf sich hat. Die Wahrheit um jeden Preis zu gestehen kann (muss nicht!) bedeuten, die eigene Verantwortung für das Geschehene an den anderen zu delegieren und ihn zur richtenden und erlösenden Instanz zu machen. Das ist das Verhalten eines kleinen Kindes, nicht eines reifen Erwachsenen. Umgekehrt kann der Druck des Partners, alles, aber auch alles wissen zu wollen und den anderen auszuspähen, die Absicht beinhalten, die totale Kontrolle über den anderen zu erhalten. Das wiederum ist eine Mutter-Kind-Beziehung.

Der Philosoph Kant sagt einmal: „Der Richterstuhl der Vernunft ist im Innern des Menschen aufgeschlagen." Burkhard jedoch rannte wie ein kleiner Junge zur „Mama" Ruthild, um von ihr Absolution zu erlangen. Gleichzeitig ignorierte er damit ihre charakterlichen Grenzen. Jeder von uns verfügt nur über ein gewisses Maß an Toleranz und Einfühlung in andere Situationen, Mentalitäten und Lebensweisen. Ruthild etwa hatte eine unüberschreitbare Verständnisgrenze gegenüber jeder Form erotischer Sehnsüchte und sexueller Versuchungen. Gerade ihr war, wie der Verlauf des Ehedramas bewies, diese Wahrheit unzumutbar.

Ich kann und darf nicht alles vom anderen wissen wollen. Der andere selbst ist in seiner Person das Geheimnis schlechthin. Das ist spannend und unbequem zugleich. Wir müssen in der Beziehung lernen, zwischen *bösen* und *guten* Geheimnissen zu unterscheiden. Böse Geheimnisse sind die, welche, wie im Fall von Carmen und Moritz, eine unsichtbare Trennmauer zwischen Frau und Mann und damit zwei getrennte Gefühlswelten errichten. Liebe ist Information. Liebe ist Wissen. Nur im Sprechen und Informationen geben und einholen lässt sich die Kluft zwischen den Liebenden immer wieder neu überbrücken und die Liebe selbst neu justieren.

Geheimnisse sind andererseits jedoch ein unabtrennbarer Teil der Persönlichkeit. Wer von uns erinnert sich nicht daran, dass er als Kind Geheimnisse vor seinen Eltern hatte. Ein Baumhaus, das die Eltern nicht betreten durften. Ein „verbotenes" Buch. Einen heimlich gehorteten Sparschatz. Die erste Liebe in der Grundschule. Liebesbriefe. Die körperliche Veränderung in der Pubertät, in der der Körper männlich oder weiblich wird und damit als neues „Geheimnis" den Eltern verborgen wird: Eines Tages beginnt man sich im Badezimmer einzuschließen und zeigt sich nicht mehr nackt.

Im Geheimnis grenze ich mich ab und bewahre einen eigenen Kosmos für mich. Ich gebe mich nicht preis. Ich verberge etwas Kostbares, das durch Offenbarung entwertet würde. Geheimnisse sind manchmal auch prickelnd. Da überrascht die Studentin ihre Eltern mit der Nachricht, dass sie klammheimlich den Führerschein gemacht hat. Als siebenjähriger Junge habe ich wochenlang das mich fast zerreißende Geheimnis bewahrt, dass ich meiner Mutter zu Weihnachten, aus einfachem Stoff und mit groben Kreuzstichen, eine Art „Handtasche" nähte ...

Als Schüler in einem Jesuiteninternat verriet ich natürlich meinen eher robusten, fußballspielenden Mitzöglingen nicht, dass ich heimlich Gedichte schrieb. Sie waren dilettantisch, aber sie schulten doch meine

Empfindungs- und Sprachfähigkeit. Unbewusst hielt ich mich, wie wir es alle tun, an das Wort des Denkers Jean Jacques Rousseau (1712–1778) in seinem pädagogischen Roman *Emile:* „Hüten wir uns, denen die Wahrheit mitzuteilen, die nicht im Stande sind, sie zu fassen."

Sarah vermochte Norberts Leidenschaft für schwere Motorräder nicht zu teilen. Zum einen hatte sie Angst, er könne verunglücken, zum anderen fand sie diese „stinkenden Ungeheuer" (Sarah) entsetzlich teuer. Aber Norbert war ein vitaler Mann, der scharfe Pferdestärken unter seinem Hintern liebte. Was tat er? Eines Tages stand er mit einer Harley Davidson vor der Haustür. „Ist sie nicht wie neu?", fragte er unschuldig. Und: „Ich habe sie um den halben Preis gekriegt." Beides war eine barmherzige Lüge. Die Maschine war nicht „wie neu", sondern „neu". Sie kostete auch nicht den halben Preis, sondern den vollen. Aber die gute Sarah war mit dieser Mogelei etwas beruhigter und Norbert stolz auf sein kleines Geheimnis. Sein und ihr Geheimnis erfuhr ich übrigens, als ich die Paartherapie zwischendurch in Einzelsitzungen splittete und Norbert und Sarah einmal getrennt über das jeweilige eheliche Geheimnis befragte. Beide lachten, als sie mir ihre Tricksereien erzählten.

Denn Sarah war auch nicht ohne. Sie wusste, dass Norbert ein eifersüchtiger Teufel war. Er konnte es auch nicht ertragen, wenn sie sich anderen Männern mit einem tiefen Dekolleté oder einem gewagten Minirock präsentierte. Dann wurde er fuchsteufelswild. Sarah war eine ranke und schlanke Schönheit, die Versuchung pur. Gegenüber dem etwas schwerfälligen Norbert liebte sie den – harmlosen – Flirt, das Ausspielen ihrer Weiblichkeit und die bewundernden Blicke der faszinierten männlichen Zweibeiner. Norbert war überdies ein Tanzmuffel. Während die meisten Frauen an der Seite ihrer männlichen Schlapphüte versauern und den letzten Tanz bei der Hochzeit riskieren, ließ sich Sarah die Butter nicht vom Brot nehmen. Einmal im Monat ging sie zu ihrer Freundin, angeblich um mit ihr ihre spanischen Sprachkenntnisse aufzufrischen, tatsächlich jedoch zum Tanzen. Die beiden jungen Frauen brezelten sich, wie mir Sarah berichtete, „megageil“ auf. Dann machten sie ihre Tanzpartner scharf wie Peperonis, um im Stand der Unschuld beglückt nach Hause zurückzukehren ...

Gute und böse Geheimnisse sind unschwer zu unterscheiden. Das spüren wir einfach. Die Guten brauchen wir, um eine schöpferische Distanz zwischen uns und Neugier auf uns zu erhalten. Sonst verschmelzen wir symbiotisch und werden, wie am Anfang dieses Buches geschildert, zu Zweikomponentenklebern. Im „köstlichen“ Geheimnis spüren wir etwas von der beseligenden Essenz der Individualität. Der Schweizer Schriftsteller Max Frisch notiert einmal in seinen Tagebüchern, dass die Liebe zu einem Menschen in dem Augenblick erlischt, indem man genau zu wissen glaubt, wer und wie der andere ist. Nur solange wir beim anderen noch Geheimnisse enthüllen können, bleibt er für uns spannend. Haben wir wieder einmal ein süßes Geheimnis von ihm entdeckt, so mögen wir vielleicht sagen: „Ich liebe dich sehr. Grad jetzt!“

Das ganze Leben ist ein Geheimnis, das wir nur Stück um Stück und nie endgültig zu lösen vermögen. Goethe sagt in „Wilhelm Meisters Wanderjahre“ einmal so großartig: „Jeder Mensch findet sich von den frühesten Momenten seines Lebens an, erst unbewusst, dann halb, endlich ganz bewusst, immerfort bedingt, begrenzt in seiner Stellung. Weil aber niemand Zweck und Ziel seines Daseins kennt, vielmehr das Geheimnis desselben von höchster Hand verborgen wird, so tastet er nur, greift zu, lässt fahren, steht stille, bewegt sich, zaudert und übereilt sich, und auf wie mancherlei denn alle Irrtümer entstehen, die uns verwirren.“

Eheurlaub

Zunächst verstand ich Ursula überhaupt nicht. Ich begriff nicht einmal, warum sie bei mir eine Therapie machen wollte. Ursula, achtundfünfzig Jahre alt, braun gebranntes Gesicht, lichte blaue Augen und schöne kurze graue Haare war die glückliche Mutter von vier Kindern, die allesamt einen guten Weg gingen. Ein Jahr zuvor hatte das Nesthäkchen, die geliebte Tochter, das Abitur gemacht und war ins Studium aufgebrochen. Ursula spielte gelegentlich als ausgebildete Kirchenmusikerin an der Orgel ihrer Gemeinde. Sie besaß einen vitalen Kreis von Freundinnen. Sie war belesen, vielseitig und lebensbejahend. Vor allem aber hatte sie in Kurt einen klugen, zärtlichen und außergewöhnlich anhänglichen Mann. Kurt war Urologe. Er liebte seinen Beruf, seine Frau und seine Kinder. Sein Hobby, so sagte er laut Ursula, seien seine Frau und seine Kinder. Ehe gut – alles gut?

Nein, nicht so ganz. Ursula war, wie sie mir gestand, von einer schwelenden Unruhe, ja Unzufriedenheit ergriffen. Sie hatte es so gut und hatte doch, wie sie sagte, sich selbst aus den Augen verloren. Eines Tages, kurz bevor sie sich entschloss, bei mir eine Therapie zu beginnen, hatte sie eine geistige Begegnung, die die gläubige Katholikin in gut augustinischer Tradition ein „Erweckungserlebnis" nannte. Man erinnert sich: Als der spätere Kirchenvater Augustinus (354–430) als dreißigjähriger Mann im Mailand vor der Lebensentscheidung stand, sich, dem Beispiel seiner Mutter folgend, zum Katholizismus zu bekehren, vernahm er in einem Garten, wie er sich in seinen „Bekenntnissen" erinnert, „eines Knaben oder eines Mädchens Stimme, die immer wieder sagt: ‚Nimm und lies, nimm und lies!'" Augustinus ging ins Haus zurück, las und befolgte die Botschaft der von ihm aufgeschlagenen Bibelstelle, Jesus zu folgen und sich „vor fleischlichen Gelüsten" zu hüten.

Menschen haben, seitdem es Bücher gibt, solche jähen, erhellenden Botschaften aus ihnen vernommen. Das können, wie bei Ursula, auch säkulare Autoren und irdische Botschaften sein. Bei ihr war es das weltberühmte Memoirenbändchen der Anne Morrow Lindbergh *Muscheln in meiner Hand.*

Ursula fühlte sich von einer Beobachtung der Frau des berühmten Transatlantikfliegers „wie vom Blitz getroffen". Sie las sie mir in der ersten Sitzung unter Tränen vor:

„Unter der Vereinfachung des Lebens verstehe ich, dass man ein einfaches Leben führen, sich eine Muschel wählen soll, die man leicht tragen kann – wie ein Einsiedlerkrebs. Aber ich tue es nicht. Mein Lebensstil ist nicht auf Einfachheit zugeschnitten. Mein Mann und die fünf Kinder müssen ihren Weg in der Welt machen. Das Leben, das ich als Frau und Mutter gewählt habe, zieht eine ganze Karawane von Komplikationen nach sich . . ."
„Das ist nicht das einfache Leben, sondern das vielfache Leben, vor dem uns die Weisen warnen. Es führt nicht zur Sammlung, sondern zur Zersplitterung. Es führt nicht zur Gnade, es zerstört die Seele . . ."
„Der ganze Instinkt der Frau – der ewigen Nährmutter der Kinder, der Menschen, der Gemeinschaft – verlangt, dass sie sich ausgibt. Ihre Zeit, ihr Wille, ihre schöpferische Kraft fließen, wenn irgend möglich, in diese Kanäle . . . Seit Urzeiten verströmt sich die Frau in vielfältigen Rinnsalen an die Durstigen, und nur selten hat sie die Zeit, die Ruhe und den inneren Frieden, den Krug wieder bis zum Rand aufzufüllen."

Anne Morrow Lindbergh befreite sich von der auslaugenden Omnipräsenz ihrer Familie durch gelegentliche einsame Fluchten in ein

Strandhaus in Florida. „Ich bin weggelaufen“, notiert sie in der meisterhaften literarisch-psychologischen Reflexion ihres Lebens, „ich habe den Panzer meines Lebens abgelegt.“

Für Ursula war der einstmals so schützende Panzer, gebildet aus Mann und Familie, inzwischen zu drückend geworden. Selbst das Schlafen im gemeinsamen ehelichen Schlafzimmer behagte ihr nicht mehr. Sie liebte es, bis weit über Mitternacht hinaus zu lesen, Klavier zu spielen oder einen anspruchsvollen Film jenseits der Geisterstunde im Fernsehen zu genießen. Kurt, der fleißige Arzt hingegen, ging am liebsten mit den Hühnern ins Bett und erschien ihr als „hyperaktiver Frühaufsteher“, wie sie mit dem Groll der nachtaktiven Spätaufsteher bemerkte. Aber Kurt duldete nicht, dass sich Ursula in der großen Arztvilla, die seit dem Auszug der Kinder halb leer stand, ein anderes Nachtasyl suchte. „Ich habe dich am liebsten Tag und Nacht um mich“, meinte er.

Was half es da, dass die gebildete Ursula Kurt historisch zu belegen vermochte, dass von den reichen Römern über die Aristokraten im Mittelalter bis zum Großbürgertum im 19. Jahrhundert wohlhabende Paare Wert auf getrennte Schlafzimmer, ja sogar Bäder und Wohnzimmer (das *Boudoir* der Frau) legten. Die siamesische Mentalität, das verwachsen-zwillingshafte Klammern Kurts, war gleichsam gusseisern. Ehe hieß für ihn im Wortsinne *forever together*, auf Gedeih und Verderben jede mögliche Minute beieinander. Ich glaube, am liebsten hätte er noch nach Art eines alten bayrischen Bauernhofes ein Doppelplumpsklosett ohne Trennwand gehabt. Nichts war dieser liebenden (und überaus liebenswerten!) Krake Kurt ferner, als der psychologisch so gescheite Satz des Philosophen und Menschenkenners Friedrich Nietzsche: „Gute Ehen wären häufiger, wenn die Ehegatten nicht immer beisammen wären.“

Dabei brauchen wir alle gelegentlich eine *Auszeit* von der Beziehung, eine Art *Eheurlaub*. In der vorübergehenden liebevollen Distanz zum

Partner werfen wir uns wieder auf uns selbst zurück. Wir entdecken uns neu. Wir probieren neue Lebensschritte aus. Wir entdecken, was wir alles auf dem Altar der Gemeinsamkeiten geopfert haben.

Ein Mann wird in einer schöpferischen Beziehungspause vielleicht eine Männerfreundschaft reaktivieren. Das ist so außerordentlich wichtig für Männer, weil es sie von der emotionalen Abhängigkeit von einer Frau befreien kann. Männer holen sich sehr oft alle, ausschließlich alle Gefühle von ihrer Frau als der einzigen emotionalen Tankstelle. Diesen Gefühlsservice rund um die Uhr vermag keine Frau auf die Dauer zu leisten.

Von zehn deutschen Männern über vierzig Jahren, so ergab eine Repräsentativerhebung, besitzen neun keinen Freund (von deutschen Frauen über vierzig haben neun eine beste Freundin).

Gerade in der Distanz von der allverwöhnenden „Mutter-Frau" sehen sich Männer genötigt, andere menschliche Beziehungen anzuknüpfen und sich selbst emotional gut zu versorgen. „Als meine Frau ein Vierteljahr wegen einer chronischen Kreislaufschwäche auf der Kur im Allgäu war", so gestand ein etwas verschlossener Diplomingenieur in einer meiner Männergruppen, „da bin ich plötzlich regelmäßig mit einem Kollegen ins Kino, ins Theater und zum Abendessen gegangen; am Ende ist eine Freundschaft zwischen uns entstanden, die bis heute währt. Vorher hockte ich Abend für Abend an einem Computer in unserem ehelichen Schneckenhaus."

Für Frauen ist dieser Eheurlaub, der sich auf gelegentliche Wochenenden beschränken kann, erfahrungsgemäß wichtiger als für Männer, weil sie in ihrer weiblichen Hingabe und mütterlichen Aufgabenstellung von Mann und Kindern oft bis ins Rückenmark ausgesaugt werden.

Denn es ist wichtig, die eigenen inneren Energiespeicher wieder aufzufüllen – mit dem eigenen Selbst, mit neuen Ideen, mit Rückmeldungen von *anderen* Menschen, mit dem Wagnis neuer Lebensschritte. Ursula hat dies in einer tapferen Weise getan, die mich überraschte. Am Ende der Therapie, die lediglich eine Kurztherapie war, weil alles in Ursula schon zum großen Sprung unbewusst vorbereitet lag, reiste sie für ein Semester in die USA. Dort studierte sie an der gleichen Universität wie ihr ältester Sohn amerikanische Literatur, wohnte jedoch in einem eigenen Zwei-Zimmer-Appartement, zusammen mit einer dreißig Jahre jüngeren mexikanischen Studentin. Was Ursula nicht ahnen konnte war, dass ihr Flug genau zwei Wochen nach den Terroranschlägen vom 11. September 2001 stattfand, der Flug sie schwer ängstigte und sie ein schmerzhaft aufgewühltes Land voller Panik betrat. „Da habe ich die Angst vor meiner Freiheit gespürt", berichtete sie mir später, „und mich vorübergehend heftig nach der Sicherheit des alten Ehealltags gesehnt."

Aber Ursula machte gerade in dieser existenziell zugespitzten Situation eine Grunderfahrung, die sie reifen ließ: „Ich habe zum ersten Mal wieder entdeckt, dass ich, wie jeder Mensch, in entscheidenden Situationen allein bin. Ich musste meine vier Kinder gebären, das konnte mir Kurt bei bestem Willen nicht abnehmen. Ich habe Todesangst ausgestanden, als der Gynäkologe bei mir, als ich Fünfzig war, bei einer Routineuntersuchung Knoten in der rechten Brust entdeckte, die herausoperiert werden mussten. Ich habe ein Kind im fünften Monat der Schwangerschaft verloren und schwere physische und psychische Schmerzen dabei durchgemacht. Ich habe Angst um jedes meiner Kinder. Ich habe Angst vor einem elenden Sterben. In allen entscheidenden Situationen meines Lebens musste ich allein das entscheidende Problem lösen, ob es die Studienwahl, die Prüfungen, das Vorstellungsgespräch, die Krankheiten waren oder der Entschluss, meine alzheimerkranke Mutter in ein Pflegeheim zu geben. Meine Einsamkeiten kann mir keiner ersparen."

„Die Angst", sagt der Philosoph Martin Heidegger, „ist der Schwindel der Freiheit." Aus dieser angstdurchwirkten Freiheit fand Ursula in

Amerika auch eine neue Perspektive ihrer Ehe. Es war gleichsam eine Vogelperspektive aus tausenden Kilometern Entfernung, die sie die Stärke und Einmaligkeit ihrer Beziehung mit Kurt, aber auch die strangulierende Enge der efeuhaft klammernden Beziehung erkennen ließ. Als sie nach Deutschland zurückkehrte, war sie nicht nur um viele Erkenntnisse und menschliche Begegnungen reicher, sondern konnte Kurt ein offeneres Beziehungsmodell mit mehr eigenständigen Räumen für beide vorschlagen. Ihre frühere latente Gereiztheit war verflogen.

Kurt wiederum hatte eine für ihn revolutionäre Erfahrung nach fünfunddreißig Ehejahren gemacht. Er gestand ihr strahlend: „Du wirst es kaum glauben, ich habe diese Zeit fabelhaft genossen. Ich habe endlich einmal getan, was ich wollte. Ich fuhr zum Schifahren, was du nicht magst. Ich bin auf einen Fachkongress gegangen. Ich habe mir eine kleine Jolle gekauft, auch wenn du das Segeln nicht liebst. Ich werde am Wochenende öfters auf meinem Segelboot sein.“ Er wirkte, wie Ursula berichtete, „verjüngt und verschmitzt wie ein Lausbub, der etwas im Schilde führt“.

„Grad jetzt“, nach der von Ursula betriebenen vierteljährlichen „Trennung“, erkannte das Paar zwei fundamentale Sachverhalte: „Wir sind voneinander unabhängig und könnten auch jeder für sich existieren. Wir lieben uns aber, wir genießen unsere Fürsorge und möchten uns nicht missen.“ Wie nie zuvor begannen Ursula und Kurt jetzt, mit ihrer Ehe zu experimentieren. Denn was ist die Ehe oder langfristige Beziehung anders als ein Versuchslabor, ein Energiesystem, eine spirituelle Reise, ein erneuerungsbedürftiger Vertrag auf Treu und Glauben und ein ständig neu zu gestaltendes Kunstwerk? Die amerikanische Familientherapeutin Virginia Satir konstatiert in ihrem Werk *Mein Weg zu dir* (1976): „Du und ich, wir sind Wunderwerke, die zu unendlichem Wachstum in der Lage sind.“

Mit leuchtenden Augen berichten mir auch Männer von ihrem Urlaub von der Ehe. Rudolf verband diese Auszeit mit einer unvergesslichen Einladung an seinen Sohn, von der alle Söhne dieser Welt nur träumen können: Er bestieg mit ihm den Kilimandscharo.

Bert, einundachtzigjährig, hatte die Putzsucht seiner Frau und die Monotonie des Pensionärdaseins satt. Außerdem litt seine Frau unter Flugangst und sperrte sich daher gegen alle längeren Reisen. Wohl situiert wie Bert war, flog er für ein Vierteljahr allein nach Kanada, um die herbstlichen Wälder zu erkunden, zu angeln und an einer Sprachenschule sein Englisch und Französisch aufzufrischen. Zurückgekehrt, blühten die Sexualität und die Zärtlichkeit zwischen ihm und seiner Frau wieder auf. Vicky, seine Frau, wurde neidisch bei all seinen aufregenden Reiseerzählungen und Bekanntschaften – jetzt zog es sie in die Ferne . . .

Eheurlaub – das ist, auch in kleinen Portionen genossen, die Möglichkeit, die Beziehung aus ihrer Enge und Eintönigkeit zu befreien. Es bedeutet die Chance, der Ehe flexiblere Grenzen und offenere Perspektiven zu geben.

Tanz

Im Gesundheitszentrum „Dr. Max Otto Bruker-Haus“ in Lahnstein erlebte ich einmal die Vorführung eines jungen professionellen Tanzpaares. Die beiden frisch examinierten Gesundheitsberater Nadja und Manfred pflegten bei Turnieren Boogie-Woogie zu tanzen. Dieses Mal führten sie rund sechzig Teilnehmern Rock’n Roll vor.

Eine Momentaufnahme ist mir unvergesslich in Erinnerung geblieben: Manfred, ein Bild von Kraft und Verlässlichkeit, schleuderte die grazile und anmutige Nadja förmlich himmelwärts. Die Tänzerin schien schwerelos zu schweben. Der Tänzer erwartete ihre Rückkehr. Ihr konnte nichts passieren. Seine Arme würden sie auffangen. Das Himmlische und das Bodenständige, die Leichtigkeit und das Wurzelhafte schienen als Gegensätze in diesem Bild vereint. Es war ein Bild der Dynamik, des Aufbruchs und der Heimat. Es war, wie die Paarpsychologie sagt, das Bild vom *Tanz des Paares.*

Es ist dieser Tanz des Paares, diese rauschhafte Verrücktheit und erdgebundene Kraft, die das Wesen der Liebe ausmacht. Paare, die in die Krise geraten, haben diesen Schwung eingebüßt. Sie sind stehen geblieben. Sie stagnieren. Sie erstarren wie Lots Weib zur Salzsäule. Das Erstarren in festen Strukturen ist der Tod der Beziehung. Meist rebelliert denn auch einer der beiden Partner gegen diese Rollenzuweisung. Das sind dann die berüchtigten Krisen. Sie sind Vorboten des Neuen. Sie sind die Geburtswehen der Zukunft. Sie sind das Sterbeglöckchen, das den Tod des alten, nicht mehr lebbaren Beziehungslebens einläutet. Die Krise ist der Widerspruch gegen die betonhafte Oberfläche der verhärteten Beziehung. Unter dem Pflasterstrand sind der heiße Sand und das Rauschen des Meeres zu entdecken. Krisen signalisieren Aufbruch.

Das verläuft nicht harmonisch. Unser Leben wird vorwärts gepeitscht. Es erneuert sich durch Brüche, Diskontinuitäten, Pannen, Erschütterungen. Jeder Mensch hat genau die Krise, die er braucht. Ich fiel zum Beispiel im ersten Anlauf beim Abitur durch, weil ich faul gewesen war. Diese Krise hat mich so geschockt, dass ich in meinem ganzen Leben keine einzige Prüfung in meinen Ausbildungen „vergeigt" habe. Aber auch jede Beziehung hat, wie wir an so vielen Beispielen sahen, genau die Krise, die sie braucht, damit beide aus der Sackgasse herauskommen und in ihrem Verhalten reifer und mündiger werden. Nach der Katastrophe einer Außenbeziehung sagen mir Paare beispielsweise immer wieder: „Es ist zwar schmerzlich, aber wir haben diesen Kollaps gebraucht. Wir haben noch nie so viel miteinander über unsere Beziehung gesprochen wie seit dieser Katastrophe."

Dabei geschieht dieser Tanz des Paares beileibe nicht im Gleichschritt. Bald ist die Frau enttäuscht, ergrimmt, aber auch entscheidungsfreudiger und neugieriger. Dann übernimmt sie Führerschaft und Tempo. Bald ist der Mann risikofreudiger. Dann wagt er die Konfrontation und die Präsentation eines neuen Lebensentwurfes. Ein vitales Paar reizt und verführt sich, blockt ab und stimuliert, zögert und agiert *abwechselnd*. Das ist vielleicht der Unterschied zum klassischen Tanz, wo immer nur der Mann führt.

In diesem Tanz braucht das Paar wie unsere Rock'n Roll-Tänzer einen festen Boden und einen offenen Himmel. Es braucht Wurzeln und Flügel. Ein Paar darf nicht unter der Käseglocke verschimmeln. Ein Paar braucht Fenster und Türen in seinem Beziehungshaus. Es braucht Ausgang und Rückkehr, Anregungen und Anstöße von außen. In seinen Tanz bindet das Paar auch Freunde, Bekannte, Kollegen ein, den

Austausch, den Flirt, die Diskussionen. Es riskiert damit auch Verunsicherungen: Nur wer verunsichert ist, wer sich seines gewohnten Trottes nicht mehr sicher ist, der wagt auch das Neue. Dieser Tanz hat eine synergetische Funktion, er bündelt die Kräfte von Frau und Mann zu einer neuen, überwältigenden Kraft.

Natürlich sind wir Menschen dabei auch bockig und manchmal schier ohne Verstand. Weil wir so dumm sind, lernen wir auch. Diese Dummheiten gehören zu unserem Entwicklungsprozess. Durch *trial and error*, durch *Versuch und Irrtum*, lernen wir, wie es der kritisch-rationalistische Philosoph Karl R. Popper formuliert. Da will etwa der Mann vom Alten loslassen und ein neues Haus bauen und den Beruf wechseln, aber die Frau hat Angst und blockiert. Da will die Frau die Beziehung auf eine neue Ebene bringen und Aufbruch und Neuanfang hineinbringen, aber der Mann stemmt sich dagegen. Nichts geht mehr. Die Entwicklung scheint einzufrieren. Doch Entwicklung ist das Gesetz des Lebens und jedes sozialen Systems von der Einzelle bis zur UNO.

Paare kommen an dieser ungemütlichen, aber eminent schöpferischen Dialektik des Lebens nicht vorbei. Für den Stillstand zahlen sie einen hohen Preis. Es ist immer das Gleiche, was ich in den Paarseminaren als die klassischen Defizite stumpf gewordener Beziehungen erlebe: Enttäuschung, Gereiztheit, Langeweile, Frust, Kommunikationsstau, sexueller Exitus und Zärtlichkeitskollaps. Das sind die Symptome einer kränkelnden Beziehung. Wo Veränderungswünsche vom Paar nicht wahrgenommen werden, kann es sich „grad jetzt“ nicht lieben. Die Gefahr ist, dass aus dem „grad jetzt“ ein „nimmermehr“ wird.

Natürlich ist der, der in der Beziehung auf Veränderungen drängt und die Lust auf Neues ins Bild rückt, der Störenfried vom Dienst. Und doch ist er der Träger der Lebendigkeit. Der Partner sollte diese Botschaft mit einem Hosiannaruf begrüßen, statt abzuwehren. Andererseits vertritt auch der Beharrende einen wichtigen Aspekt, der nicht vernachlässigt werden darf. Der „Konservative" repräsentiert oft die Seite der Tradition, der Verlässlichkeit, des Vertrauten. Das darf nicht einfach über Bord geworfen werden. Das hat seinen Sinn. Das muss auch der oder die „Progressive" bedenken.

Manchmal ist es wichtig, dass das Paar das Alte, nicht mehr Lebbare in Würde, vielleicht sogar mit einem Ritual, verabschiedet, betrauert. Abschied und Trauerarbeit verlangen Zeit und Geduld. Eine Frau, deren Kinder ins Studium aufbrechen, muss sich beispielsweise von ihrer aktiven Mutterschaft verabschieden. Da geht ein Sinn des Lebens verloren, der lange trug. Vielleicht ist eine neue Sinnerfüllung noch gar nicht in Sicht. Eine Frau meinte beim Auszug ihrer erwachsen gewordenen Kinder: „Es ist eine große Leere in mir. Ich könnte Tag und Nacht weinen. Es ist wie ein kleiner Tod. Ich bin ratlos. Ich weiß nur eines: Etwas Neues muss in meinem Leben beginnen."

Der Tanz des Paares ist bewegend, immer neu, manchmal schwerfällig, fast torkelnd, dann wieder rasant, voller Energie und Zielgerichtetheit. Der eine Partner ersehnt das Neue, der andere befürchtet es. Beiden bringt es Veränderungen. Sie sind meist anders und widersprüchlicher, als es der eine erwünscht und der andere befürchtet hat. Die Planung eines Kindes, der Umzug in eine andere Stadt, der Wechsel in ein neues Arbeitsfeld – all das bringt aufwühlende Erneuerungen des Lebens, aber auch Verluste der bisherigen Stabilität und Sicherheit.

Manchmal ändert sich die Melodie des Lebens, nach der ein Paar seinen Tanz ausführt, radikal. Dagmar und Leonhard haben dies erfahren. Ich begegnete ihnen, als sie, beide zweiundvierzig Jahre alt, ihre sechzehnjährige Tochter Susanne auf tragische Weise verloren. Susanne hatte mit dem ersten Freund ihres jungen Lebens am Samstag Abend eine Disco besucht. Ihr Freund war drei Jahre älter und hatte sich zu diesem Zweck ein Motorrad ausgeliehen. Tatsächlich beherrschte er das schwere Gerät nicht. In der Disco betrank sich der Freund. Vielleicht wollte er auch mit seinem Trinkgehabe Susanne imponieren. Als sie, nach Mitternacht, aufbrachen, beschwor Susanne, wie Disco-Besucher später berichteten, ihren Freund, das Motorrad stehen zu lassen und ein Taxi zu nehmen. Doch der wehrte lachend ab, er sei so fahrtauglich wie nie. Keine drei Kilometer von der ländlichen Disco entfernt flog das Motorrad bei überhöhter Geschwindigkeit aus einer engen Kurve, knallte gegen den Stamm einer Pappel und riss Susanne mit in den Tod.

Die Eltern waren versteinert vor Schmerz. Eine ambulante Therapie allein schien mir unzureichend. Ich empfahl Dagmar und Leonhard, eines der großen Trauerseminare bei dem berühmten Gestalt- und Trauertherapeuten Jorgos Canacakis in Essen zu besuchen. Die fast lebensunfähigen Eltern – Leonhard war auf Monate hinaus krankgeschrieben – taten es. Sie kehrten, welch ein Wunder, langsam wieder in das Leben zurück.

Dagmar berichtete mir: „Bis zum Unfalltod Susannes sind wir ein fröhliches Paar gewesen. Wir haben in vollen Zügen gelebt und nichts anbrennen lassen. Mit Susanne haben wir einen Wüstentrip unternommen. Leonhard und ich sind beide begeisterte Segelflieger. Wir haben englisch und spanisch gelernt. Mit einem Wohnwagen haben wir Amerika vom Westen nach Osten durchquert. Wir haben Lateinamerika erkundet. Leonhard hat geklettert, und zwar das sogenannte Freeclimbing. Ich liebte meine Frauen-Jazz-Dance-Gruppe. Das Leben schien uns wie ein einziges Fest.

Jetzt hat sich das alles geändert. Die ersten zwei Jahre nach Susannes Tod bewegten wir uns beide wie im Totentanz. Es gab keine Freude mehr. Ich habe Abend für Abend geweint. Leonhard stierte vor sich hin oder saß lustlos vor einem Computerspiel. Dann stießen wir auf ein Projekt, bei dem gesunde und behinderte Kinder gemeinsam betreut werden. Das hat uns beeindruckt. Wir haben einen sechzehnjährigen Jungen mit Down-Syndrom, also ein ‚Kind' in Susannes Alter, ein bisschen adoptiert. Wir holen ihn häufig am Wochenende zu uns, wo er dann in Susannes ehemaligem Zimmer schläft. Das mag uns zwar nicht mit Susannes Tod versöhnen, aber wir sind wieder in Bewegung geraten. Unser Lebenstempo ist gemessener, etwas melancholisch geworden, aber es ist wieder hoffnungsvoll. Früher haben wir im Leben sozusagen heiß getanzt, jetzt ist es eher ein langsamer Walzer, von Moll-Tönen kontrapunktiert."

Der Tanz des Paares verlangt von uns, das Neue zu bejahen und uns auf die Veränderungen des Lebens und der Beziehung optimistisch einzulassen und sie gemeinsam zu gestalten. „Alles fließt", meinte der Philosoph Heraklit ein halbes Jahrtausend vor Christi Geburt. Und: „Man steigt nicht zwei Mal in denselben Fluss." Das ist es. Das macht den Tanz des Paares aus. Dass wir dieses Abenteuer gemeinsam bestehen, ist erschütternd und einmalig. Stehen bleiben dürfen wir nicht. Wir müssen tanzen.

Zärtlichkeit

Paare küssen sich zu wenig. Das fällt mir immer wieder von neuem auf. Ich frage sie danach in der ersten Sitzung: „Wann habt ihr euch zum letzten Mal geküsst?“ Ich ernte Schweigen. Es ist fast so, als ob ich eine obszöne Frage gestellt hätte. „Küssen“, meinte einmal etwas unwirsch ein gestandener Mann bei meiner Frage, „das gehört doch in die romantische Liebe am Anfang der Beziehung. Wer hat denn heute noch Zeit für so etwas?“

Für alles haben wir Zeit: die Steuererklärung, den Hausputz, den Kauf des neuen Wagens, die Überstunden im Büro, die Fahrt zur Kfz-Werkstatt, das Aufräumen im Keller, das Setzen der Tulpenzwiebeln, das Aussortieren der alten Kleider, kurz: für all die Alltagsdinge. Für Zärtlichkeit ist keine Zeit. Dabei dürfte ein Kuss oder eine Umarmung, ein zärtlicher Blick oder eine kurze Berührung kaum mehr als eine bis zwei Sekunden brauchen. Aber nein, wir haben keine Zeit dazu. Sind wir Deutschen kussfaul? Laut einer Umfrage beklagen sich 65 Prozent darüber, dass sie zu wenig geküsst werden. Befragt wurden über tausend Frauen und Männer zwischen 20 und 40 Jahren. Was läuft da falsch?

Dabei wissen wir es alle instinktiv: Wir können, wenn es denn unbedingt notwendig ist, ohne Sexualität leben, aber nicht ohne Zärtlichkeit. Wenn ich über Wochen und Monate die Wärme und Zuwendung eines anderen Körper nicht mehr gespürt habe, gefriere ich innerlich zur Eisscholle. Ich spüre mich nicht mehr. Ich funktioniere nur noch. Ich arbeite wie eine kleine Maschine vor mich hin. Ich bin ein Neutrum. Nichts bleibt mehr übrig von Männlichkeit, von Weiblichkeit. Der existenzielle Berührungshunger treibt mich um.

Viele Menschen erzählen mir, dass sie aus mangelnder Zärtlichkeit anfällig für Süchte wurden: Essen, Trinken, Rauchen, Fernsehen, Kaufrausch, Süßigkeiten, Tabletten, Handy- und Computersucht. Das sind Ersatzsättigungen, Kontaktsurrogate, Pseudoberührungen, Ablenkungen. Bei allen demoskopischen Befragungen ergibt sich das gleiche Bild: Für über achtzig Prozent der Frauen und Männer rangiert die Zärtlichkeit weit vor der Sexualität. Eine Frau brachte es in einem meiner Seminare so auf den Begriff: „Wenn ich längere Zeit keine Sexualität habe, werde ich zickig. Wenn die Zärtlichkeit fehlt, erstarre ich zum Stein."

Viele Paare lieben sich in unzweifelhafter Treue. Doch sie haben „grad jetzt" keinen Zugang zur Zärtlichkeit. Dieses „grad jetzt" summiert sich im Laufe der Jahre zu einem beträchtlichen Defizit. Wie kommt das? Warum lassen sich Frauen und Männer so etwas Wunderschönes wie die Zärtlichkeit, dieses Elixier des Lebens, wegnehmen?

Dafür gibt es viele Gründe. Jedes Paar sollte von Zeit zu Zeit, vielleicht in einem Zwiegespräch, über seine Zärtlichkeit nachdenken und sich austauschen. Denn auch und gerade Zärtlichkeit ist ein erlerntes, kulturelles Verhalten. Sie ist von vielfältigen Konditionierungen und Eindrücken der Kindheit und Jugend geprägt. Jede Familie hat ihre eigene Seelenlandschaft. Darin können Temperaturen von sibirischen minus vierzig Grad bis zum tropischen Siedepunkt von plus vierzig Grad herrschen. Genauso, wie wir als Kinder Zärtlichkeit empfingen und gaben, gehen wir mit ihr als Erwachsene um – wenn wir nicht Neues dazu gelernt haben.

Das ist paradox genug. Gisela kam mit ihrem Mann Erwin zu mir, weil er ihre Lieblosigkeit satt hatte. Dabei fiel mir etwas Seltsames in der ersten Sitzung auf. Gisela hatte das kleine Töchterchen Anne-Marie mitgebracht. Eine süße Zweijährige mit funkelnden braunen Augen wie junge Kastanien. Gisela herzte das Kind fast ununterbrochen vor meinen Augen und mit ungebremster Lust. Der siebenjährige Sohn Marius ging zum Zeitpunkt dieser Sitzung zur Schule. Der Ehemann Erwin berichtete zwei erstaunliche Sachverhalte: Mit Marius hatte Gisela bei dessen Einschulung, gleichsam über Nacht, jede Zärtlichkeit eingestellt. Sie sagte, laut Erwin, zu ihm: „Du bist ja jetzt ein großer Junge. Du brauchst die Schmuserei nicht mehr." Ihn selbst, Erwin, hielt Gisela, wie er sich ausdrückte, „knapp wie einen Ackergaul". Das heißt, sie verschwendete keine Zärtlichkeiten an ihn. Auf meine Frage, wie sie sich erkläre, dass sie alle ihre Zärtlichkeit ausschließlich auf Anne-Marie konzentrierte, schaute mich Gisela verständnislos an. „Das ist doch klar", sagte sie, „die ist doch noch ein Kleinkind."

Das Rätsel löste sich alsbald. Gisela war mit drei Geschwistern bei Eltern aufgewachsen, die ihre Zärtlichkeit jeweils nur den Kleinkindern zuzuwenden vermochten. Kaum war ein Kind in der Grundschule, galt es für die Eltern als erwachsen. Nun durfte es unter keinen Umständen „verzärtelt" werden. Beide Eltern hatten es selbst nicht anders erlebt. Ganz früh und unerbittlich waren sie aus ihrer Kindheit ausgestoßen und um jede weitere Zärtlichkeit betrogen worden.

Dieses Muster hatte sich Gisela tief eingeprägt: Zärtlichkeit kommt nur einem Kleinkind zu. Es ist eine Art vorübergehender Entwicklungshilfe. Zärtlichkeit ist nichts für einen erwachsenen Menschen. Zärtlichkeit ist, im Wortsinn, eine Kinderei.

War es da verwunderlich, dass sich Gisela, sobald der kleine Marius größer wurde und als Liebesobjekt zu entfallen drohte, nach einem zweiten Kind sehnte, um libidinös „auf ihre Kosten zu kommen"? Ja, Gisela projektierte bereits, wie es ihr in einer der Sitzungen herausrutschte, das dritte Kind, um eine neue Strecke der Zärtlichkeit, nach Anne-Marie, aufzutun. Dass sie sich von Erwin Zärtlichkeiten ohne

Ende und auf einer Erwachsenenebene holen konnte, war für Gisela eine Entdeckung wie für Kolumbus der neue Kontinent Amerika.

Zärtlichkeit ereignet sich immer „grad jetzt", sonst entschwindet sie auf den Sanktnimmerleinstag. Manchmal glauben wir tief innen, dass uns Zärtlichkeit nicht zusteht. Wir besitzen kein warmes Selbstgefühl für uns. Wir haben uns längst an den Hunger in der Liebe gewöhnt.

Das erlebte ich bei Martin. Er kam zu mir in die Sprechstunde, weil er Angst hatte, sich zu einem Kind zu entschließen. Seine Frau Martina litt unter seiner Entschlussunfähigkeit. In der Therapie wurde sichtbar, dass Martin sich des „Lebens goldene Fülle" nicht gönnte. Martins Leben hatte dreißig Jahre lang im Zeichen des Verzichtes gestanden. Er hatte die kargen Erziehungsmaximen seiner liebesarmen Eltern verinnerlicht. Sein – unbewusstes – Credo lautete: „Das Leben ist Mühsal und Pflicht."

Im Rahmen der Therapie und eines gefühlsstarken Männerwochenendes begann Martin den „Eisenhans", das heißt, die tiefe Freude an seiner Männlichkeit und neuen Welteroberung, zu entdecken. Er trat in einen Sportverein ein. Er legte sich ein PS-starkes Motorrad zu. Er gewann einen Freund. So sich einen starken Ich-Komplex erarbeitend, konnte sich Martin „grad jetzt" auf einen „Stammhalter" freuen. Er wollte unbedingt einen Jungen: Um an ihm das psychische Elend seiner eigenen Kindheit wieder gutzumachen.

Das Kind kam. Es war, wunschgemäß, ein Junge. Martin hätte ihn am liebsten selbst gestillt, so vernarrt, so selig und glücklich war er über das Kind. Von seinem kleinen Sohn lernte er, Schritt für Schritt, wie nach einer Behinderung, die Liebe. In dem Maß, als Martin den Kleinen küsste und schmuste, vermochte er Martina ein tiefes Spektrum der Zärtlichkeit zu geben und sich selbst unerschöpflich Kuscheln von ihr zu holen. Zum ersten Mal in seinem Leben wirkte er selbst satt wie ein Säugling.

Zärtlichkeit hat etwas mit der Zartheit des geliebten Menschen zu tun. Erst da, wo wir seine Zerbrechlichkeit ins Auge fassen, seine Endlichkeit und Sterblichkeit, das Filigrane seines Wesens, werden wir angerührt und sensibel in unserer Zuwendung. In der Paararbeit versuche ich Liebenden, die oft so voneinander entwöhnt sind, eine existenzielle Begegnung zu ermöglichen, die sie nie wieder vergessen. Ich bitte Frau und Mann, sich einmal zehn Minuten schweigend und aus kurzer Distanz liebevoll zu betrachten, dabei nicht zu sprechen oder albern zu werden.

Das ist ein Vorgang von hoher Intimität. Ich verlasse den Raum, um das Paar in seiner Erschütterung allein zu lassen. Sehr oft brechen Frau und Mann danach in Tränen aus. Was sie mir erzählen, ist anrührend. Sie haben aneinander die Signaturen der Erschöpfung und des Älterwerdens entdeckt. Sie sind in den treuen Augen des anderen wie versunken. Sie spürten plötzlich seine Sehnsucht, seine Überforderung, seine Tapferkeit, seine Hingabe, seine Rechtschaffenheit, seine Sensibilität, seine Einsamkeit, seine Schönheit, seine unvergleichliche Würde. Das war, als ob sie sich neu entdeckt hätten. Meist finde ich das Paar, wenn ich nach den zehn Minuten in die Praxis zurückkehre, in inniger Umarmung.

Zärtlichkeit ist Körperlichkeit. Manche Paare sprechen nicht zu wenig, sondern zu viel miteinander. Alles bleibt im Reden. Die Körper hungern dabei. Es ist so wichtig, die Zärtlichkeit als eine „Holschuld", wie die Juristen formulieren würden, zu organisieren. Über Zärtlichkeit muss man sprechen. Ich muss genau sagen, was ich von dir will.

Als Kind habe ich das doch auch getan. Ich erinnere mich noch genau, dass ich es liebte, wenn meine Mutter mir mit ihren langen schlanken Händen in den Pullover fuhr und meinen Rücken kratzte. Ich schnurrte wollüstig wie ein Kater. Ich konnte nicht genug kriegen. Ich wäre nicht auf die Idee gekommen, ihre Zärtlichkeit dem Zufall zu überlassen, sondern habe sie um genau diese kratzende Zärtlichkeit gebeten. Als

Geschwister liebten wir das Spiel, auf dem nackten Rücken des anderen „Schreibmaschine“ zu spielen. Wir verfassten lange Briefe. Der Rücken fühlte sich einfach köstlich berührt an. Noch heute liebe ich alles, was sich auf meinem Rücken abspielt – und ich mache den Mund auf und bestelle es sozusagen aus dem Katalog der Zärtlichkeit!

Die meisten von uns haben als Kinder Zärtlichkeit gelernt. Von wem? Für Sigmund Freud steht (in „Abriss der Psychoanalyse“) die einzigartige, unvergleichliche, fürs ganze Leben unabänderlich festgelegte Bedeutung der *Mutter* als erstes und stärkstes Liebesobjekt als Vorbild aller späteren Liebesbeziehungen fest. Das alles können wir reaktivieren. Schwieriger ist es allerdings, wenn die Mutter liebesarm war.

Zu den „Streicheleinheiten“ gehören auch die *Wortküsse*, das riesige Feld verbaler Zärtlichkeit. Lassen sich Kosenamen nicht vereinbaren? Im Rahmen einer Paartherapie wurde Frank gegenüber seiner Gina langsam „frech“. Er hatte nämlich, wie so viel andere vor ihm in der Therapie, erkannt, wie beweglich eine Paarbeziehung ist und wie viel man in ihr, wenn beide guten Willens sind, von heute auf morgen neu gestalten kann. Frank wünschte sich, dass ihn Gina zwei Mal am Tag mit dem Kosenamen „Schatz“ anspreche.

Die gute Gina war ein bisschen bockig, weil sie sich über Franks mangelnde Mitarbeit im Haushalt ärgerte. Die beiden machten vor meinen Augen einen Deal: Frank übernahm – verbindlich schriftlich fixierte – tägliche Haushaltspflichten, Gina lieferte zwei Mal täglich die ausbedungenen Wortküsse ab, das heißt, sie sprach ihn liebevoll mit „Schatz“ an. Was sie am Anfang als eine Hilfskonstruktion brauchten, wurde rasch zur schönen Gewohnheit: Frank trainierte die Verlässlichkeit, Gina, der kleine Besen, lernte die Zärtlichkeit.

Über Wortküsse schrieb mir Walter etwas besonders Schönes, als ich für ein Buch über Zärtlichkeit („Zeit für Zärtlichkeit. Vom Abenteuer der Zuwendung“) recherchierte. Walter amtiert neben seinem universitären Beruf ehrenamtlich als katholischer Diakon. Das ist eine Weihe, die nicht zum Zölibat verpflichtet, aber die Ausübung gewisser Priesterdienste erlaubt. Walter: „Vor einiger Zeit hatte ich mit meiner Frau Friederike eine tiefe Beziehungskrise. Wir hatten uns vor lauter Beruf und Kinder auseinander gelebt. Ich bin ein ziemlicher Workaholic. Meine Habilitationsarbeit hat mir jeden Nerv geraubt, ich lebte nur noch für die Wissenschaft und meinen geliebten Kirchendienst. Wir hatten nichts mehr gemeinsam unternommen, das Gespräch zwischen uns versiegte, die Sexualität fror ein. Da verliebte sich Friederike, die Krankenschwester ist, in einen Arzt in ihrem Krankenhaus. Sie sagte es mir ganz offen. Ich war bis ins Mark erschüttert. Sie gestand mir sogar, dass sie mit ihrem Geliebten geschlafen habe.

Ich war gleich zweifach erschüttert. Einerseits hatte ich bis zu diesem Zeitpunkt mit geradezu kindlichem Vertrauen an die Unantastbarkeit der Ehe geglaubt. Zum anderen bekam ich Knochenangst, Friederike zu verlieren. Ich konnte und kann mir ein Leben ohne sie nicht vorstellen. Außerdem wurde ich so eifersüchtig, dass mich die Gefühle nur so überschwemmten. Ich begann, Friederike zu kontrollieren, unerwartet an ihrer Arbeitsstelle auf der Station aufzutauchen, ihr Handy nach SMS-Nachrichten zu überprüfen und ihre Handtasche zu durchstöbern. Das machte alles nur noch schlimmer.

Ich konnte gar nicht begreifen, was Friederike an diesem Mann fand. Er war untersetzt, grauhaarig und hatte einen Bauch – ich dagegen bin groß, schlank und habe mit fünfundfünfzig Jahren noch braune volle Haare. Warum hatte ich sie an diesen Mann verloren? Was hatte er mir voraus? In meiner Not erinnerte ich mich an ein russisches Sprichwort. Es lautet: ‚Der Kluge sucht nicht den Weg, er fragt danach.‘ Also fragte ich Friederike eines Abends ganz ernsthaft in einem tiefen Gespräch, was sie an ihrem Geliebten so fasziniere. Sie antwortete: ‚Es ist nicht sein Körper. Du bist attraktiver als er. Aber er redet stundenlang mit mir. Es gibt nichts, worüber wir nicht sprechen. Er findet mich so schön, und er benennt meine Haare, Augen, Ohren, meinen Mund, meine Brüste, meinen Bauchnabel, meine Scham, meine Schenkel, meine Knie, ja selbst meine Zehen mit so schönen Worten.‘

Ich verstand. Von diesem Tag an begann ich, um Friederike zu werben. Das Wesen der Zärtlichkeit ging mir auf. Es bedeutet, den anderen in liebe Worte einzuhüllen, ihm aus Worten ein Rosenbett zu errichten. Ich reduzierte meine Arbeitsstunden und widmete mich stärker dem Gott der Liebe als dem Gott der Kirche. Noch nie habe ich mit Friederike so viel gesprochen wie in diesen Wochen der Krise. Ich sah zum ersten Mal wieder, wie schön sie war. Eines Morgens, als ich zu einer entfernten Tagung aufbrach, legte ich ihr einige Strophen aus dem Hohelied Salomo auf ihren Schreibtisch:

'Du bist schön wie keine andere, dich zu lieben macht
mich glücklich!
Schlank wie eine Dattelpalme ist dein Wuchs, und deine Brüste
gleichen ihr mit ihren vollen Rispen.
Auf die Palme will ich steigen, ihre süßen Früchte pflücken,
will mich
freuen an deinen Brüsten, welche reifen Trauben gleichen.
Deinen Atem will ich trinken, der wie frische Äpfel duftet, mich an
deinem Mund berauschen, denn er schmeckt wie edler Wein.'

Das war der Durchbruch und der Neuanfang unserer Liebe. Zurückgekehrt fand ich, sinnigerweise auf meinem Kopfkissen, Ulrikes Erwiderung, ebenfalls aus dem rund 800 Jahre v. Chr. entstandenen Hohelied Salomo:

'Nur ihm, meinem Liebsten, gehöre ich,
und mir gilt sein ganzes Verlangen!
Komm, lass uns hinausgehen, mein Liebster,
die Nacht zwischen Blumen verbringen!
Ganz früh stehen wir auf, gehen zum Weinberg und sehen, ob die
Weinstöcke treiben, die Knospen der Reben
sich öffnen und auch die
Granatbäume blühen.
Dort schenke ich dir meine Liebe!'

Ich möchte es am Ende unserer Reise durch die Irrungen und Wirrungen der Liebe noch einmal mit Optimismus und Ermunterung wiederholen: Liebe ist lernen. Liebe ist, wie der Dichter Bert Brecht sagt, „eine Produktion". Sie ist Arbeit. Sie ist Knochenarbeit. Sie ist wie ein Acker, der immer wieder besät, geeggt, gedüngt, gewässert, geerntet und neu bepflanzt sein will. Ich kann einen Garten lieben, nur nicht „grad jetzt". Dann lasse ich ihn brachliegen. Die Wege werden von Unkraut überwachsen. Die Blumen sterben aus. Das Gesamtbild verwahrlost.

Die Liebe bezieht ihren unvergleichlichen Zauber aus der Spontaneität jeder Begegnung, der Köstlichkeit des zärtlichen Blicks, der Improvisation aus der Leuchtkraft der Sekunde heraus. Natürlich braucht die Liebe Erholungspausen, Momente des Rückzugs und der Besinnung auf das eigene Ich. Aber immer wieder ist die Anstrengung und Arbeit des „grad jetzt" erforderlich. Es ist ein Unterschied, ob ich mich zum Abendessen plump wie ein Kartoffelsack in den Sessel fallen lasse und in Schweigen versinke oder ob ich mir tagsüber schon einen spannenden Gesprächsstoff, eine kleine Überraschung, eine Form der Zuwendung zurechtgelegt habe.

Noch schöner und gewissermaßen heilig ist es, wenn ich den geliebten Menschen berühre. Der Dichter Novalis (1772–1801) sagte dazu in seinen „Aphorismen": „Es gibt nur einen Tempel in der Welt, und das ist der menschliche Körper. Nichts ist heiliger als diese hohe Gestalt . . . Man berührt den Himmel, wenn man einen Menschen betastet."

Die Liebe ist die gelegentlich leidvolle Passion und die Aufgabe unseres Lebens. Die Liebe ist nicht alles. Aber alles ist nichts ohne die Liebe. Wie sehr die Zärtlichkeit uns zu uns selbst führt und uns beheimatet, das habe ich von Bertram und Margret gelernt. Margret, eine junge Studienreferendarin, war, als sie von Bertram zur Stadt ihrer Dienststelle zurückfuhr, mit dem Auto schwer verunglückt. An einer Kreuzung war ihr ein alkoholisierter Autofahrer mit voller Kraft in die Seite gefahren. Sie hatte beide Beine und mehrere Rippen gebrochen und war von Prellungen übersät. Sobald der Gips abgenommen werden konnte, nahm Bertram Margret nach Hause. Die beiden waren früher etwas burschikos und sachlich-forsch miteinander umgegangen. Jetzt zitterte Bertram zum ersten Mal um Margrets Leben, als eine Lungenentzündung sie dramatisch schwächte.

Bertram berichtete in der Sprechstunde: „Ich nahm mir Ferien. Ich wusch Margret. Ich bekochte sie. Ich bettete sie um. Ich las ihr vor. Ich liebte sie wie noch nie zuvor. Sie war mir als Geschenk neu gegeben. Ich konnte keine Oberflächlichkeit mehr zwischen uns vertragen. Ich habe ihr stundenlang die Hand gehalten. Sie war so kostbar für mich. Wir schauten uns in die Augen und brauchten kein Wort zu sagen. Unsere Liebe war im Schatten des Todes das Größte in unserem Leben geworden. Die Zärtlichkeit kam wie von selbst und wie eine große ozeanische Welle über uns. Sie hüllt uns noch heute ein. Auch wenn der Alltag wieder eingetreten ist und wir in unseren Berufen stecken, so kämpfen wir gegen Kleinkariertheit und Lieblosigkeit. Das Leben ist viel zu kostbar, um die Liebe zu versäumen."

„Ich liebe dich. Grad jetzt." So könnte das Ideal unserer Beziehung lauten. Ideale sind wie Leuchttürme. Wir müssen sie nicht in jedem Augenblick erreichen, aber sie dienen zur Navigation. Lassen wir uns immer wieder auf diese überraschungsreiche Liebesarbeit ein. Sie lohnt sich.

Wie sagte der Schweizer Pfarrer und Dichter Jeremias Gotthelf (1799–1854) so schön: „Es ist mit der Liebe wie mit den Pflanzen: Wer Liebe ernten will, muss Liebe säen."

Gemeinsam glücklich – es geht doch!

Catherine Cardinal
10 Gebote für glückliche Paare
Band 5319
10 Dinge gibt es, die Paare wissen sollten. Klare Regeln machen das Leben leichter, wenn es in der Beziehung mal brodelt.

Fritz Fischaleck
Lass uns miteinander reden
Offenheit und Fairness in der Partnerschaft
Band 5294
Dauerhaftes Glück zu zweit – dazu braucht es das offene Gespräch zwischen den Partnern. Praxiserprobte Beispiele und Tipps.

Hans Jellouschek
Wie Partnerschaft gelingt – Spielregeln der Liebe
Beziehungskrisen sind Entwicklungschancen
Band 5134
Was jeder tun kann, um die eigene Partnerschaft auf Dauer lebendig zu halten und Krisen als Chance zur Vertiefung der Beziehung zu erleben.

Ernst Andreas Stadter
Ich will dir sagen, was ich fühle
Emotionale Kompetenz in Beziehungen
Band 5317
So kann es jedem gelingen in glücklichen Beziehungen zu leben. Eine praktische Einführung in die Kunst der sozialen Kompetenz.

Rosmarie Welter-Enderlin
Paare – Leidenschaft und Lange Weile
Die Kunst des Lebens zu zweit
Band 5290
Entwicklungschancen nutzen, damit Beziehungen lebendig bleiben. Die bekannte Therapeutin zeigt an vielen Beispielen, wie das geht.